じっぴコンパクト文庫

クッキングピープル ちび

たけだみりこ

実業之日本社

目次 INDEX

作りはじめる前に

●分量は二人分、または作りやすい量。

●大さじ1＝15cc　カレー用スプーンで代用可

●小さじ1=5cc　コーヒー用スプーンで代用可

●カップ1＝200cc　中くらいのコップ1杯で代用可

●醤油は濃い口醤油を使用

●酒は日本酒を使用　料理酒を使う時は塩と醤油をやや控えめに

●めんつゆは濃縮3〜4倍タイプを使用

●レモン汁はボトルのものを使用　生レモンなら1個で約大さじ2杯絞れる

●「油」とだけ書いてあるときは、菜種油やサラダ油などクセのないものを使用

●電子レンジは600wを使用。500wなら2割多め、700wなら2割少なめに時間をセット

●時間は材料の形や状態など微妙なことでもかわるので、必ず仕上がりを目と舌で確認しよう！

●作り方は大きな文字を追っていけばOK
小さな文字はヒントやコツなので、迷ったら見るくらいでどうぞ

●作り方のコツをつかんだらアレンジは無限大〜

膳の1-1
クッキングピープル
使えるカンタン料理コミック
20××年
地球温暖化による
異常気象が続き
人類はついに滅亡した…
…が…
おっ
ヨシエー
マリコー
ただいまー
バ
おかえりなさい
あなた
どうだった
街は?
おー
やっぱり人類は
思いっきり
滅亡してたよ
あらー
それより
これ!!
あー
サバ缶!!
なつかし~
文明のかおり
がする~
家族3人で
分けたら
ひと口ずつ
だけどな
どうしたの
これ??
砂漠に埋まって
たんだ
賞味期間とか
大丈夫かしら
んなもん
切れてるに
決まってんだろ

大丈夫そうね
よし、
今夜はごちそうだな
ママ見て見て!!
あ、パパお帰り街に誰かいた？
いねー
それよりどうした？
ホラ見てっ畑の大根こんなに大きく育ってたよ
おおっ!!
あら～
こんな大きくなるなんて異常気象のおかげかしら
ちがうよ～わたしががんばって育てたからだよ
……
あなた？
？
…サバ缶…大根
……サバ缶…
ブツ ブツ
何、何？サバ缶って？
パパがさっき砂漠で拾ってきたんだけどね…
…サバ缶…大根
サバ缶…大根…
バ缶……大根…
……缶…サバ缶
パパっ
あなたっ
…バ缶…大根…
……サバ缶…大根
…サバ缶……大根…
サバ缶…大根…サバ缶
……大根…サバ缶
…大根…サ…
すっく
これだなっ

●鯖味噌田楽セット

●材料（鯖味噌煮缶1缶分）

鯖味噌煮缶 ……………………… 1缶
おろしショウガ ………………… 1片分
（チューブなら3cmくらい）

ゴマ油………………………………… 少々
大根、コンニャク、
冷凍インゲンなど
…………………… あるのを好きなだけ
ダシの素…………………………… 適量
乾燥ワカメ、味噌 ……………… 適量

コンニャクは「あく抜き」と書いてあるのを使うぞ
サバ缶は160g～190gくらいのやつ

作り方

①小鍋に鯖味噌煮缶とおろし生姜を入れ身を潰しながら中火で5分ほど加熱。最後にゴマ油少々をたらして火を止める。

②大根は2㎝ほどの輪切りにして皮をむきラップにくるんで電子レンジ加熱し箸がスッと通るくらいにする。

③この大根とコンニャクを一口ぐらいに切り鍋に入れて、材料が隠れるくらいの水とダシの素を加え10分ほど煮る。

④最後3分くらいの時に冷凍インゲンも投入する。

⑤お皿に盛って、鯖味噌を添えてできあがり。

オマケ

残ったダシ汁に水を適量足して乾燥ワカメを投入。ワカメがふやけたら味噌を溶かして温めて味噌汁とする。

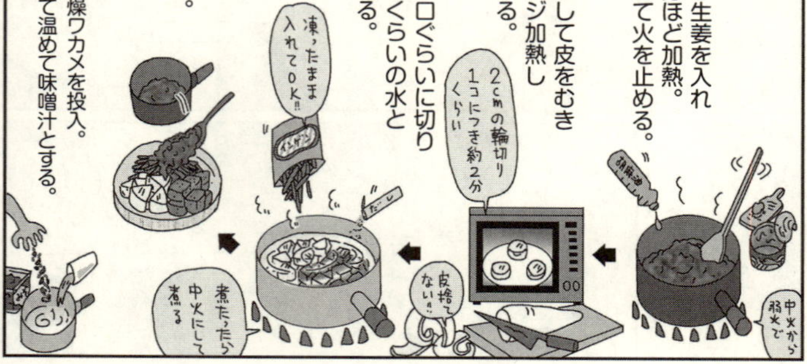

胡麻油
中火から弱火で
2cmの輪切り 1コにつき約2分くらい
皮捨てない!!
凍ったまま入れてOK!!
インゲン
だし
煮たったら中火にして煮る

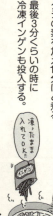

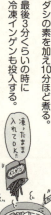

なるほど確かにこれなら家族みんなで楽しめますねぇ♫
一缶で2〜3人前にはなるからな日持ちもするから一人だったら2〜3日はいけるぞ！
ごはんのおかずにもなるし酒のつまみにも最適だっ
いっしょに野菜が食べられるのもいいわね
大根のゆで汁がそのまま味噌汁になるのもステキ
しかもだっ
？
さっき剥《む》いた大根の皮と軸を細かく切ってだ
サバミソの皿からコンニャクも2,3コ拝借して…
トントントントントン
ジャジャッと炒めて
メンツユとかで適当に味付けしてだな
ジャ
ごはんに混ぜてもう一品だっ！
あらま〜
わぁエコだー
膳の1-2
だろっ!!
今からエコってけば次回はきっときっと大丈夫ってもんよ
そうですねぇ
パクパク
クッキングピープル
使えるカンタン料理コミック

●きんぴら大根飯

●材料

大根の皮と軸 …………………… 適量
（葉っぱがあれば葉っぱも）
コンニャク、油揚げ …………… 適量
めんつゆ＋水 …………………… 適量
（そばつゆ程度に薄めておく）
ゴマ油、白ゴマ、熱いゴハン …… 適量

コンニャクは田楽の皿から2、3コ拝借すればヨシ
ゴハンは炊きたてを使うのがベストだが、冷や飯は電子レンジで熱々にすればOK!!

作り方

①大根の皮、コンニャク、油揚げを細く切る。大根の軸や葉はみじん切りにする。

②フライパンにゴマ油をひいて切った材料を全部入れて炒める。

③しんなりしたら薄めためんつゆを入れて汁気がなくなるまで炒める。

④熱いゴハンに混ぜ、白ゴマをふってできあがり。

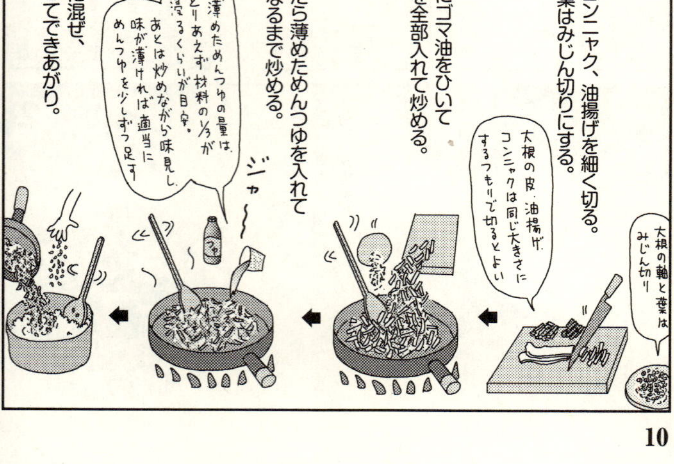
大根の軸と葉はみじん切り
大根の皮、油揚げ、コンニャクは同じ大きさにするつもりで切るとよい
ジャ〜
薄めためんつゆの量は、とりあえず材料の1/3が浸るくらいが目安。あとは炒めながら味見し、味が薄ければ適当にめんつゆを少しずつ足す

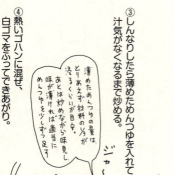

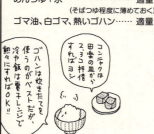

はあー おいしかったあ
このサバ缶の空き缶は洗って記念にとっときましょうか
おうっ 記念だー 記念だー
ん?
なにかしら??
!
わわっ
どうした! 何があったというのだっ!!
サバ缶の空き缶洗ってたらなんか突然
わー、天井に穴開いてる
ゴオオオオ
空から何か降りてきたぞ!!
…なんか出てきた…
な、なに 何??
何?

ハーイ
ワタシタチ ミライの チキュウから キマシター
アナタタチの オカゲで チキュウの ミライは スクワレマシター
コレカラモ ガンバッテ クダサーイ
励ましに来てくれたのかな?
とりあえず未来は明るいっちゅうことやなっ
よかったよかった~

今回のポイント

●鯖味噌煮缶

青魚のDHAやカルシウムなど摂りにくい栄養をたっぷり含み、安価で調理も簡単、長期間保存もOKの鯖缶は、過酷な21世紀を生きる大人ならぜひ使いこなしたい素材のひとつ。今回作った鯖味噌は160g前後の中型の鯖缶から2~3人前ほどできるが、残った鯖味噌は茹でたジャガイモにつけたり、レタスにくるんだりしてもおいしいし、おにぎりの具にしていける。保存も効くので一人暮らしの人でも心配無用だ!

膳の2
クッキングピープル
使えるカンタン料理コミック
ただいまー
あ、お父さんおか…
えりゃアアア
ズザザ
ビタン
きょうは早かったの…
シュタッ
ねーーっ
パタ
パタ
すぐにゴハンにするね
フーフー
スリスリ
あ、パパもう帰ってきたん…

だあああっ
おつかれっ♪♪
おつかれっっ♪
バキ
ドス
おつかれ〜〜〜〜っ
ギリ ギリ ギリ ギリ
パタ パタ
ただいまー
あっ
ヒロシも帰ってきた
おかえりヒロシー パパもう帰ってるよー
ホント? 姉ちゃん!
バタ バタ バタ
おかえりオヤジ!!
ポキ ポキ
こんなに家族に愛されているわたしにふさわしいのがこのスープ。

●鶏手羽元肉と春雨のスープ

●材料

鶏手羽元肉	8〜10本
ダシ昆布	約5㎝×10㎝
干し椎茸	1〜2枚
大根、春雨（鍋用の）	適当
水、酒、ゴマ油、あら塩、あらびきコショー	適当

時間がたってもおいしいので、帰り時間が不規則なあの人に作っといてやるのもイイ!!

出し昆布や干し椎茸はちぎって使うので安いモノでよい

作り方

①鶏手羽元肉に熱湯をかける。

②鍋に鶏手羽元肉、大根、ダシ昆布と干し椎茸、たっぷりの水を入れて強火にかける。

③沸騰したらアクをとってお酒をドボドボっと加える。

④再び煮立ったら弱火にし30分〜1時間煮て春雨を加えてもう5分ほど煮る。

⑤味見しながら少しずつあら塩とあらびきコショーを加え、ゴマ油少々をたらしてできあがり。

小皿にあら塩。
肉に塩をちょっとつけながら食べる。

肉の表面の余分な脂が落ちるようにまんべんなくかける
干し椎茸は手で小さくちぎって
出し昆布はハサミで細く切って加える
大根は適当に切って
水の量は材料の倍くらい
酒
ブクブクとアワが出るそれがアクだ!!
春雨は袋に書いてある時間を参考にして鍋に入れる
マロニー
鶏の軟骨が好みの固さになるまで煮る
スープは薄味に
S
P

いってきます
いってらっしゃーい
後楽園ホール
カチャン
バーン
ワーワー
タタタタタタ
謎の超新星ネコさんマスクきょうも元気に登場です!
がんばれーネコさんー
いけーネコさんー
ふぁいとーネコさん!!

今回のポイント

●鶏手羽元肉

フライドチキンによく使われる鶏手羽元肉であるが、その骨のまわりにくっついているコリコリした軟骨とプルプルしたところ（カルシウムやコラーゲンを多く含む）は、焼いたり揚げたりしただけでは固く骨からも外れにくくて食べにくい。これが30分ほど煮ると、骨からスルッと外れて程よく柔らかく食べやすくなって、骨から美味しいダシも出るので、鶏手羽元肉はスープやカレーなど煮込み料理に使うのが断然オススメ！

味付け前のを犬猫さんにもおすそわけOK!!

膳の3
クッキングピープル
使えるカンタン料理コミック
あ、お母さん そういえばさ 今年は 山田さんちから タケノコまだ 来ないの？
ああ それがね
山田さんちの 裏の竹やぶ なくなっちゃった んだって
えー じゃあ今年から 採れたてタケノコ 食べられないのぉ？
残念ねぇ なっちゃん 今日はタケノコの おかずもらえるの 期待して来たのにね
なっちゃん タケノコごはん 食べたいなあー
……
あらら
なっちゃん タケノコ 好きなんだっけ？
大好きー
なっちゃんは特に バアバが作ってくれる 採れたてタケノコの タケノコご飯が 大好きなんだよねー
うん
そっか 楽しみにして くれてたのに ごめんねぇ なっちゃん

ん？どしたのお父さん？
あら、やだ何がんばってんの？
ヌオ…
ぐへ…
ヴ、ヴガ…
プル
プル
プル
プル
プル
ポン
ポ、ポン？
バサ
フ～
これでなっちゃんにタケノコご飯作ってやったらどうだ？
えーなっちゃんジイジのタケノコはやだなあ
ガーン

●筍とベーコンの木の芽風味ライス

●材料（約2人分）

タケノコ水煮	約100g（握りこぶし半分くらい）
ベーコン	4〜5枚
木の芽	4〜5枚（または青ジソ10枚）
醤油	約大さじ1／2
塩、コショー、ガーリックパウダー	少々
熱いゴハン	適量
バター、白ゴマ	約大さじ1／2
レモン汁	少々

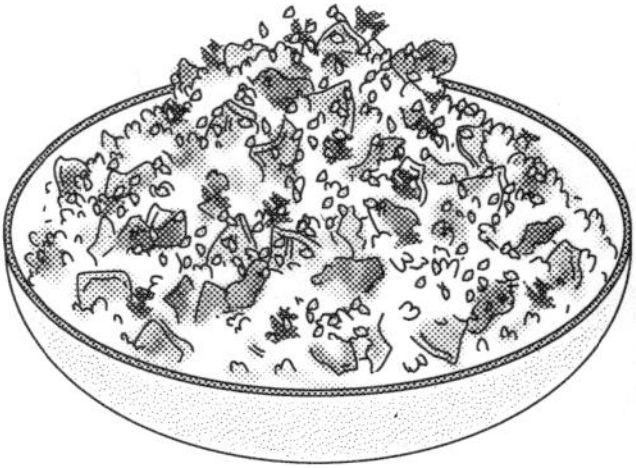

木の芽がなければ青ジソでもできるぞ
タケノコ水煮はパックに入ってるのでもよい
青ジソ（大葉）
木の芽

作り方

① タケノコ水煮は薄く切る。ベーコンは適当に切る。

② フライパンにベーコンとタケノコを入れ中火でじっくり炒める。

③ ベーコンがカリっとしてきたら醤油、レモン汁、塩、コショー、ガーリックパウダーを加えてひと炒めし、ちぎった木の芽を加えて火を止める。

④ 熱いゴハン・バターと混ぜて白ゴマを振ってできあがり。

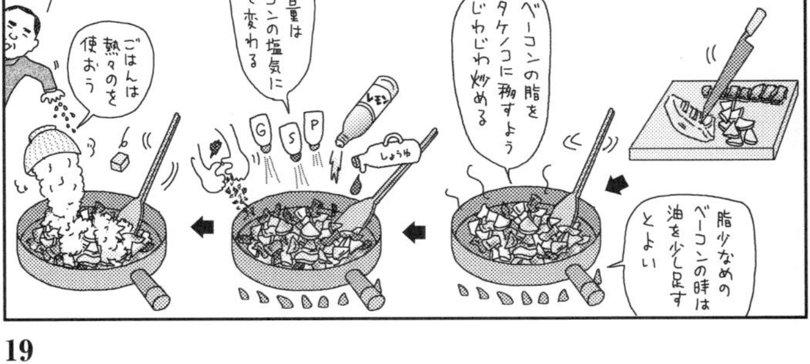

脂少なめのベーコンの時は油を少し足すとよい
ベーコンの脂をタケノコに移すようじわじわ炒める
レモン
しょうゆ
G
S
P
塩の量はベーコンの塩気によって変わる
ごはんは熱々のを使おう
スパゲティとあえるのもおすすめだ!!

一カ月後
ユラ
ユラ
うわっ、お父さん あれからそのまま 伸ばしてんだー
そうなのよ 邪魔でしょうが ないのよねえ
だってほら そろそろアレ あるだろ
たなばた
だって どうする? なっちゃん
なっちゃん ジイジの竹は やだなあ
だよねえ
あ、そうだっ 今日は梅干でも 持ってくかい? なっちゃん
ぐらっ
あ
持ってく! 持ってく!
パタン
……
よかったねー なっちゃん
なっちゃん 梅干のおにぎり 食べたいなあー
じゃ あっち 行こう

今回のポイント

●タケノコ水煮と木の芽

白い粉のようなものがついていることがあるが、カビなどではなくアミノ酸の一種なのでそのまま使用OK。生のタケノコが手に入った時は、表面の皮を一枚残して剥いて鍋に入れ、たっぷりの水に米ぬか（または米の砥ぎ汁）と赤唐辛子2、3本を加え約1〜2時間、箸が刺さるくらいの柔らかさに茹でておこう。木の芽は山椒の若芽のこと。山椒は半日影で意外と簡単に育つのでベランダに一鉢置いておくのもオススメだ。

木の芽はよく こんなカンジで 売られている
蒲焼きによく かかっている サンショーは コレの実らしい

膳の4
クッキングピープル
使えるカンタン料理コミック
あれはオレがまだかけ出しの漁師だった頃…
釣れねー
釣れねー
カツオはどこいったー
どうなってんだ??
この時期この沖にカツオが一匹もいねーなんてこといままでなかったのになぁ
ああ
うーん変っすよねぇ
バシャ バシャ バシャ
やっぱこれも異常気象とかが原因なんすかねえ…
バシャ バシャ バシャ
…………
ちょっとそこ!!
バシャ
早く釣りなさいよ!!
へ?
オワッ
わわっ
ザパ
ったくもうグズね!
なんだなんだ
マサオがなんか変な女釣り上げたぞー
な、なんなんだ? あんた?
あたし?

あたしはカツオの女王よ
いっとくけどここではもうカツオは釣れないわよ
え？
あたしのカワイイカツオたちはすべて安全な場所に移動させたから
ホホホホホホ
なんだって？
そのかわりあたしが釣られてあげたってワケ
さっ行くわよ
この姉ちゃんマサオの知り合いか？
い、いや
え？どこへ？
港に戻るに決まってでしょ！
釣られた魚は港へ連れて行かれる運命なのよね
ホホホホ
どうするマサオ？この変なカツオ女
バババ
し、しかたない港に戻って魚市場に引き取ってもらうっすよ
しかし引き取ってはもらえず…
魚市場
いやーカツオの女王はうちではちょっと…
なによあのオヤジ！せっかく来てやったのに
やっぱダメか…
しかたないあんたんちでいいわ
え？
今日の夕飯は初鰹でサラダがいいわ
はぁ？
こうしてオレはカツオの女王といっしょに暮らし始めた

●初鰹と新タマネギのガーリックチップサラダ

●材料（約2人分）

カツオ刺身（またはタタキ）……………………好きなだけ
あら塩、
あらびきコショー………………少々
新タマネギ、
サニーレタス……………好きなだけ
オリーブ油…………………大さじ2
ニンニク……………………ひとかけ
ポン酢醤油　…………………適量

カツオはなるべくサクで買う
刺身かタタキかはお好みで
大皿にドーンと盛っても、一人分ずつ小洒落れたカンジに盛ってもサマになる

作り方

①ガーリックオイルとニンニクチップを作る。
小鉢にニンニクの薄切りとオリーブ油を入れ電子レンジで約2分加熱。
薄く色づいたニンニクをキッチンペーパーの上に取り出し、油を切っておく。

②カツオは薄めに切って皿に並べ塩とコショーをパラパラふりかける。

③新タマネギは薄切り、サニーレタスは適当にちぎってカツオのお皿に添える。

④ガーリックオイルとポン酢醤油をかけニンニクチップをちらしてできあがり。

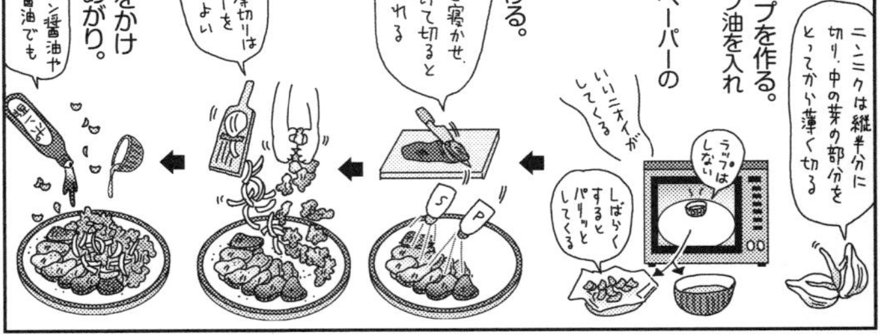

ニンニクは縦半分に切り、中の芽の部分をとってから薄く切る
ラップはしない
いいニオイがしてくる
しばらくするとパリッとしてくる
刺身は包丁を少し寝かせ、手前に引いて切るとキレイに切れる
S
P
タマネギ薄切りはスライサーを使うのもよい
レモン醤油や酢醤油でも

今回のポイント

●初鰹とたまねぎのサラダ

新緑の季節に黒潮に乗って北上する産卵前のさっぱりした味わいのカツオに、同じ旬のみずみずしい新タマネギと、ほのかな苦味のサニーレタスを取り合わせ、ガーリックオイルでコクと風味をプラスした、初夏ならではのサラダ。そもそもタマネギとカツオはとても相性がよいので、新タマネギを普通のタマネギに、初鰹の刺身を削り節パックに置き換えれば、季節も財布の中身も問わない気軽な定番サラダになったりもする。

膳の5
クッキングピープル
使えるカンタン料理コミック
カーン
カーン
カーン
怪しいヤツが来たぞー
うわっ
わわっ
キャーキャー
カーンカーン
ヒー
すまねえなジイさん
おっ
そこの豆腐屋さんと青物屋さん！ウチに入んな!!
ガラーーー
ザッ
ザッ
ザッ
この宿場もちかごろはなにかとぶっそうでな
うへ
怖《こえ》えツラ
見ろよ…あの腰の長いモン百人は斬ってそうだよな
ありゃかなりの無法モノに違えねえ
ああ…
あ、こっち見た!!
ゲゲ聞こえた!?

ヌッ
わわっ
な、なにか御用で？
ギロッ
ひいいいいい助けてええええええ
チャリ
へ？
ピッ
な、なんか作り始めたぞ!?
？
？
？
トン
トン
トン
おおっ、袴《はかま》から小さいのも出てきた!!
もぞ
もぞ
同時に作ってるぞ!!!
…そ、そうかあいつは無法モノなんかじゃねえ…
え？
ごはんモノだ！しかも今回は汁モノ付き!!
ごはんモノと汁モノ？
ジャージャー

●あっさり麻婆豆腐丼 with たまごトマト汁

●材料（約2人分）

- 豚ひき肉 …… 100g
- 豆腐（絹） …… 1丁
- トマト …… 1コ
- シイタケ …… 2枚
- ニラ …… 数本
- ネギ …… 1／2本
- 生姜 …… ひとかけ
- 固形チキンスープ …… 1コ
- 水 …… 2カップ
- めんつゆ …… 大さじ2
- 片栗粉 …… 大さじ2
- 熱いゴハン …… 丼2杯
- 卵 …… 1コ
- 塩、コショー、ゴマ油、ラー油 …… 少々

辛味は丼の上でラー油をかけて後からつけるのでお子様やお年寄りといっしょの食卓にもオススメ!!

作り方

①トマトを小さく切って鍋に入れ固形チキンスープ、水を加えて5分ほど煮る。ネギと生姜はみじん切り、シイタケは薄切り、ニラは1㎝くらいに切っておく。

②フライパンにゴマ油をひいて強火にかけネギと生姜、シイタケ、ひき肉を炒めて塩、コショーする。

③ひき肉がポロポロしてきたらスープの半量とめんつゆを加え煮立ったら豆腐とニラも加える。

④2〜3分煮てから水溶き片栗粉を加え全体をかき混ぜトロミを付ける。

⑤丼ゴハンにかけ、各自が好みの量のラー油をかけてできあがり。

たまごトマト汁

残りのスープに水適量を足して火にかけ煮立ったら溶き卵を流し入れ、味を見ながら塩、コショー、ネギ、ゴマ油少々を加えできあがり。

トマトが煮崩れたカンジになればOK
スープ用にネギを少しとっておく

片栗粉を倍の量の水で溶いたもの

御用だ!!
御用だ!!
ドカ
ドカ
御用
御用
し、しまった！遅かったか!!
うう…
おい、オヤジしっかりしろ！この家に無法モノが押し入ったと通報があり駆け付けたのだ!!
無法モノはどこ行った？
む、無法モノじゃねえ…
ヤツはごはんモノでしたぁぁ
うう…も、もう食えねぇぇぇ…
ごはんモノ？
ごはんモノの旅はまだまだ続く…

今回のポイント

●麻婆豆腐

麻婆豆腐を狙った辛さに仕上げるのは結構難しく、辛さの好みは個人差も大きいので、誰かといっしょの食卓で困ることも多いが、このレシピのように後からラー油をかけて各自が好みの辛さに調整する…とすると、簡単にこの問題はクリアする。この麻婆豆腐は生トマトとシイタケを入れ爽やかさと旨みをプラス、ご飯にかけて丼にするのも向いているあっさり味。複雑な辛さの麻婆豆腐はお店に任せ、自宅麻婆はこっちでどうだ！

ラー油控えめでかきこむもヨシ!!
たっぷりかけて心おきなく辛さを堪能するもヨシ!!

クッキングピープル
使えるカンタン料理コミック
膳の6
だいじょうぶ？パパ
ここんとこちょっと忙しすぎたからね 今日一日仕事休んで寝てれば大丈夫さ
シュンくんパパの具合はどう？
うーんまだお熱があるみたい
じゃあコレをパパの頭に巻いてあげて
え？
キャベツを？
熱があるときはキャベツの葉を頭にかぶって冷やすといいらしいのまえにTVで見たのよね
へえええ
ハハハおもしろそうだなあシュンくんやってみてよ
うん
ベリ ベリ
じゃあ頼んだわねシュンくん
どうパパ？
パカ
おー、なんかひんやりして気持ちいいぞ
ホント？じゃあもっとかぶせるね
パカ
パカ
……
パパ？
……

どうしたのパパ？
ペロッ
あ、あれ？
ペリ
パリ
パパ？ど、どこ？
ママー！ママーッ!!
どしたの？
パ…パパがキャベツに……!!!
あーーっ!!
シュンくん豚肉買ってきて！
へ？
薄切りのヤツ！早く!!
わ、わかった！
ダッ
じゃあそのキャベツをちぎって土鍋にどんどん入れて！ママはお肉並べて押し込むから!!
う、うん

●キャベツと豚の土鍋蒸し

●材料

豚薄切り肉、
キャベツ、
塩、コショー、酒、ゴマ油
…………………… すべて適量

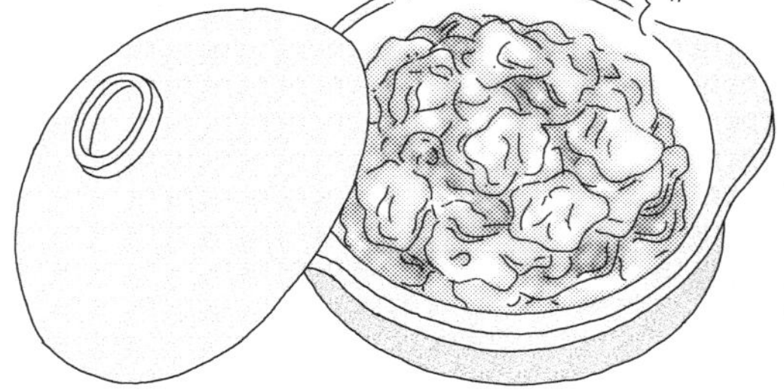

くったり煮えたキャベツがおいしい!!
オールシーズン作って食べたい超シンプル鍋

作り方

①土鍋にキャベツをちぎって入れ塩、コショー。その上に豚肉を広げる。この順に3～4回重ねて鍋一杯にする。

②上から酒とゴマ油をグルッと一周ずつ回しかける。

③蓋をして中～強火にかけ15～20分くらいでできあがり。

できあがりは縮むので、土鍋から盛り上るくらいに入れておく
S
P
豚肉
塩・コショー
キャベツ
酒
ゴマ油
ポン酢醤油やしゃぶしゃぶ用ゴマだれなどを添えてどうぞ!!

ボリュームアップバージョン

キャベツと豚肉を重ねた最後にニラと絹豆腐をのせて火にかける。

肉少なめにして予算やカロリーをおさえたい時にも!!

洋風バージョン

塩、コショーをクレイジーソルトに、ゴマ油をオリーブ油に変えればOK。

クレイジーソルトは岩塩と各種ハーブのミックススパイスで、スパイス売り場に売っている
クレイジーソルト
OLIVE

15分後
よしっ できた!
ドン
それより パパは…?
パンパカパーン
ハイッ
!
お帰りなさ〜い
ただいま〜 おかげですっかり元気になったよー
キャベツって ホントに効くのねえ
うん
……
こ、これは!?
つづく

今回のポイント

●キャベツ

熱冷ましにキャベツの葉をかぶるのは本当に効くらしい。体を冷やさず熱だけをとる解熱方法として、アフリカやロシアなどの民間療法に、日本でもお子様の急な発熱対策に、知る人ぞ知る技なのだ。その他にもキャベツは、免疫力UP効果のビタミンC、骨を守るビタミンK、胃腸を守るビタミンU（別名キャベジン）を含む超健康優良野菜。

年中あるが、春玉は強火で素早く、寒玉は中火でじっくり火を通すとより美味しいぞ!

●春玉
葉が柔らかく
中まで黄緑
旬は春〜秋

●寒玉
葉は肉厚固めで、
中心部は白っぽい
旬は冬

膳の7
クッキングピープル
使えるカンタン料理コミック
ドーン
完全に囲まれちゃいましたね
どうします隊長？
……もはや…ここまでか……
こうなったら最後にひと花咲かせるかっ
隊長！
やりますか！
よしっ全員突撃だ！
ガチャーン
わっ
わわっ
手榴弾だ！
うわー
伏せろ!!
コロコロ

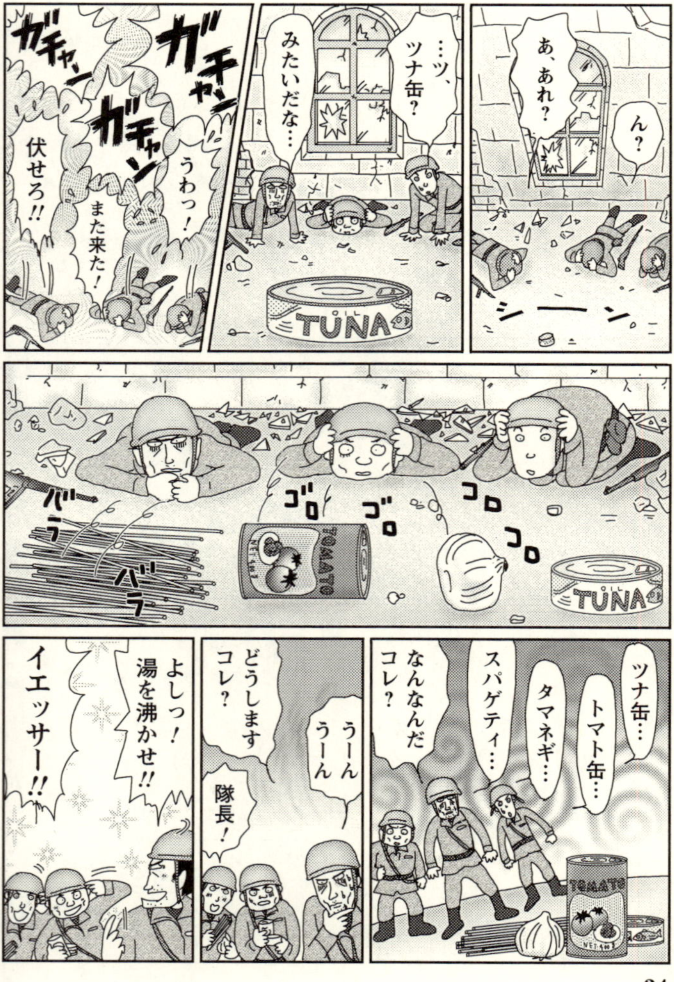
ん？
あ、あれ？
シーーーン。
…ツ、ツナ缶？
みたいだな…
TUNA
ガチャーン
うわっ！
また来た！
ガチャン
ガチャーン
伏せろ!!
コロコロ
ゴロゴロ
バラバラ
TOMATO
TUNA
ツナ缶…
トマト缶…
タマネギ…
スパゲティ…
なんなんだコレ？
TOMATO
うーんうーん
どうしますコレ？
隊長！
よしっ！湯を沸かせ!!
イエッサー!!

●ツナトマトスパゲティ

●材料（大盛り2〜3人分）

ツナ缶	1缶
トマト缶	1缶
タマネギ	1/2コ
固形チキンスープ	1コ
塩、コショー	少々
バター	ひとすくい
ドライバジル	小さじ1/2
スパゲティ	適量
粉チーズ	適量

粉チーズ多めがおいしい!!

トマト缶は400g缶。ホールタイプ、カットタイプ、どっちでもOK
ツナ缶は80g缶。オイル漬けタイプで!!
高さ10cmくらい
高さ3cmくらい
TOMATO
TUNA

作り方

①お湯を沸かしてスパをゆでる。タマネギをみじん切りにする。

②フライパンにツナ缶とタマネギを入れタマネギがしんなりするまで炒める。

③トマト水煮缶、固形チキンスープドライバジルを加えトマトを潰しながら10分ほど煮る。

④いい感じで煮詰まってきたら味を見ながら塩、コショーしてバターを落としてできあがり。ゆでたてのスパゲティにかけて粉チーズを好きなだけかけてどうぞ。

スパゲティは塩を大さじ1杯入れた湯でゆでる
タマネギは冷やしておくと涙が出にくい

ツナ缶は汁ごと全部入れる。ツナ缶の油でタマネギを炒めるカンジ
バジルはパセリでもOK! 生の葉を使うなら最後に入れるとヨイ
S
P

はぁ〜
食った食った〜
満腹っす〜〜
最後の突撃どうします隊長？
うーん 腹いっぱいになったら、なんかめんどくさくなってきちゃったなあ…
降伏しちゃいましょっかー
すいませーん降伏しま…
んん？
チュル
チュル
チュル
だれも戦ってねー!!
な、なんだよっ
あっ！
チュル
チュル
チュル
みなさーん スパゲティの時間ですよ〜
ガチャン
ガチャン
ガチャン
あの人はいったい？
世界各地の戦場にたまに現われるという謎のスパゲティ男。キミは知っているか？

今回のポイント

●トマトソース

トマトの赤色の成分『リコピン』は強い抗酸化作用がある近年注目の健康成分。熱に強く油に溶けやすく、完熟トマトにより多く含まれることから、トマトソースはこのリコピンを効率よく摂取するのにとても向いている。今回のトマトソースはツナ缶の油と旨みを無駄なく活かし、スパゲティを茹でる間にできてしまう簡単タイプ。

余ったら卵料理や蒸かしたジャガイモに添えたり、ピザソースの代わりにと結構使える。

余っても冷蔵庫で一週間ぐらいもつヨ
冷凍もできるヨ
PEACE

クッキングピープル
使えるカンタン料理コミック
膳の8
田村真由美 31歳
普通の会社の普通のOL
だが実はその素顔は…
ん
ピコ ピコ
あ、コンパクトが呼んでるわよ 田村さん
たいへん！三丁目の路地でウメ星人が暴れているわ！
すみません、主任 ちょっと行って来ます
ハイハイ
悪者たちから街の安全を守る愛と正義の美少女戦士マミちゃんであった
行ってらっしゃーい
がんばってね〜
ダッ
しかし田村さんもたいへんだよなぁ
あの呼び出しってタダらしいっすよ
三十路過ぎてあのカッコはちょっとキツイしねえ
ダダダダ
あっ
いたわっ!! ウメ星人！
ガオーガオー
トオーッ
ウメッ

ウメ星人から放出される生の青梅にはアミグダリンという毒が含まれているのでそのまま大量に食べると危険なのであった！（ホント）
ボコ ボコ ボコ ボコ ボコ ボコ ボコ ボコ
い、痛い!!
マミちゃんスクリューキーック!!
くる くる くる くる くる くる くる
マミちゃんは必殺キックを繰り出した！
ウメーーッ
バコーン
マミちゃーんビクトリーー!!
キメッ
バタ
ゴロゴロ
こうして今日もまたひとり悪者をやっつけたマミちゃんであった
………
ヒュウウウ〜
拾っとこ梅…
戦いの後は後片付けも忘れないマミちゃんであった
そしてその梅を父と母へのお土産とするしっかり者のマミちゃんであった
ただいまーハイ、お土産
あらーいい梅ねえ
おっ、これで梅酒漬けよう、梅酒
でも去年の梅酒もまだあるわよお父さん
ああそうか
あーそういやウメ星人ってこの時期に毎年必ず出るもんね
…あたしこの先もずっとこの時期にはウメ星人やっつけてんのかな…
はあ〜
マミちゃん…
でも、最近ちょっとお疲れ気味のマミちゃんであった
そんな31歳の娘を気遣う父と母であった
そうだ！母さん余った梅酒で今夜はアレにしよう、アレ
ああいいですねアレ
アレ？

●鶏と卵の梅酒煮 ～昆布煮豆のオマケ付

●材料

鶏手羽元肉 ……………… 10本
卵 …………………………… 4コ
梅酒 ………………… カップ1
醤油 …………… カップ1／2
おろしニンニク ……… 1片分
水、練りカラシ ………… 適量

●オマケ用材料

大豆水煮、
ダシ昆布 ……… 適量

梅酒にしょうゆを加えて煮るだけ!!
ほんのり甘酢っぱいしっかり味の鶏肉とゆで卵は世代を越えてウケル味!!

大豆水煮は缶詰やパックになって売ってます
梅酒は自家製のでも市販のでもOK!!

作り方

①ゆで卵を作って殻をむく。

②鍋に鶏手羽元肉、ゆで卵を入れ梅酒と醤油とおろしニンニクを加え材料が隠れるまで水を足して強火にかける。

③沸騰したら中火にし蓋をして20～30分くらい煮る。

④最後に強火で2～3分。鍋を揺すりながら煮汁をからませできあがり。練りカラシを添えてどうぞ。

オマケ

残った煮汁を水で3倍に薄め大豆水煮と小さく切ったダシ昆布を入れて強火で汁気がなくなるまで煮てできあがり。

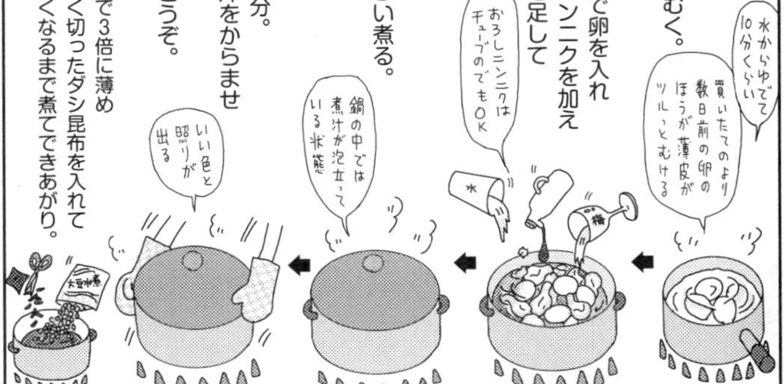
水からゆでて10分くらい
買いたてのより数日前の卵のほうが薄皮がツルっとむける
おろしニンニクはチューブのでもOK
水
梅
鍋の中では煮汁が泡立っている状態
いい色と照りが出る
大豆水煮

今回のポイント

●梅酒煮

クエン酸やミネラル等を多く含み、疲労回復、整腸、抗菌、血液サラサラ効果など、さまざまな効能を持つ梅酒。年月を経る程に熟成され美味しくなると言われてはいるが、去年の梅酒や飲み残しの梅酒など余った梅酒を見かけたら、ぜひ試したいのが今回の梅酒を使った煮物だ。クエン酸は熱に弱いので、まず食前酒として梅酒をそのまま一杯飲んで疲労回復、その後この煮物をおかずにご飯を食べて、明日も元気だ！

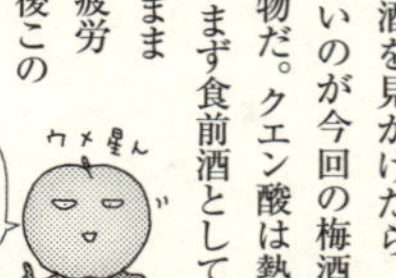
ウメ星人
アルコールは
煮ている間に
全部とぶので
お子様にも
OKだ！

膳の9
クッキングピープル
使えるカンタン料理コミック
ハーイ 焼きソバ〜
柏木さん 大の焼きソバ 好きだって 聞いたから リナ 一生懸命 作っちゃった〜
おー うまそー
いっただき まーす
あら 誰かしら？
ピンポーン
柏木の家内で ございます
!?
柏木さん… 奥さん 来たみたい…
柏木がいつも お世話になって おります
ピンポーン
ピンポン
ピンポーン
ギク
失礼します
チュイーン
バリ
ギギ
バキ
キャア
お邪魔します
ブルン
バターン
ひぃーーー
どどどど どうして ココが？
前から 存じており ましたから
ブルン
あ

焼きソバ…
ソース味…
しかも
ベチャベチャ…
あ…いや
それは…その
こんなことも
あろうかと
材料を持って
まいりました
お台所を
お借りいた
します
ど、どうぞ
主人は
焼きソバは
塩味で麺は固め
が好みですの
お肉は
控えており
ますの
ジャ
こ、この
スキに…
う、うん
ハイ
できま…
あら
いない…
あー
怖かった
柏木さんの
奥さん
地味だけど
すごいね～
いや…
あいつのすごさは
こんなもんじゃ
…
タタタタタタ
うそっ!?
追ってきた
ゲ
トオッ
シュッ
き、消えた?
?
41-22
あなたー
出来ましたよ～
にゅっ
わあああ
ガッチャン

●ニラとモヤシと油揚げのごま塩焼きソバ

●材料（2〜3人分）

焼きソバの麺……………… 3玉
ニラ………………………… 1束
モヤシ……………………… 1袋
油揚げ……………………… 3枚
ごま塩、油、塩、
レモン汁……… このへん適量

黒ゴマのプチプチ感がおいしいヘルシ〜焼きソバ!!
黒ゴマと塩でもよろしいです
ごま塩

作り方

①準備する。
・油揚げとニラを図のように切っておく。
・モヤシを洗ってザルに入れておく。
・焼きソバの麺を電子レンジ加熱し温めておく。

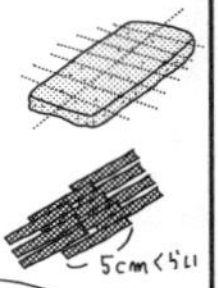

5cmくらい

②フライパンに油揚げを入れて炒めカリッとしたら塩少々を振って取り出す。

③油を少し足してニラとモヤシを炒めしんなりしたら塩少々を振って取り出す。

④油を少し足して焼きソバの麺を炒め味見しながらごま塩とレモン汁を振って味をつける。

⑤炒めておいた油揚げとニラ、モヤシを戻し全体を混ぜるように炒め合わせてできあがり。

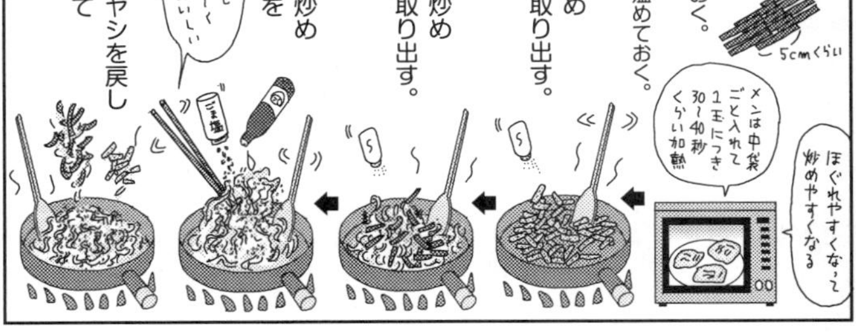

ほぐれやすくなって炒めやすくなる
メンは中袋ごと入れて1玉につき30〜40秒くらい加熱
S
S
ごま塩
メンをほぐしながらよ〜く炒めるとおいしい

今回のポイント

●家庭焼きソバ3つの秘訣

①具は具、麺は麺で別々に炒めて下味を付け、後で混ぜ合わせる。それぞれをちょうどよい炒め具合・味加減にできるので小さなフライパンでも味にムラのない焼きソバとなる。②麺は電子レンジか熱湯をかけるかして、温めてから炒める。すぐにほぐれるので時間短縮、焦げ付きも防げる。③麺は麺だけでよく炒める。麺は炒めることでプリッと歯ごたえのある麺になる。ヘラで押さえて軽く焦げ目を付けるのもよい。

膳の10
クッキングピープル
使えるカンタン料理コミック
松永くん…最近なんだか顔色悪いけど大丈夫か？医者行ったほうがいいんじゃないか？
はあ、それが医者も行ったんですけど…特に悪いとこないって…
でもなんか妙に疲れやすいし…食欲もないし…よく眠れないし…ここんとこホント、体の調子めちゃくちゃ悪いんすよね
おいおいそれって
悪霊に取り憑《つ》かれてるんじゃないのか？
悪霊？
ホラ、例の君が追っている謎の連続変死事件…悪霊のしわざって噂じゃないか
まさかー冗談はやめてくださいよ～デスク～
ザワァ
ゾクッ
憑いてるゼ！
!?
だ、だれ？
悪霊のアッくんよろしくなっ

あ、悪霊？
き、君が？？
ひぃぃぃ
うん
取り憑いて
生気を吸うぜ！
オ、オレに
取り憑いてるの？
うん
吸ってるぜ！
じゃあ
オレもそのうち
変死するのか？
うん！
た、頼む！
やめてくれっ!!
オレの
しょぼい
生気なんて
たいして
うまくない
だろ？？
結構
いけるぜ！
…マ、マジ
かよ…
ガク…
落ち込むなー
元気出せー
バシバシ
…じゃあ
助けて
くれる？
ダメ
悪霊は
一度憑いたら
吸い尽くすまで
離れられないぜっ！
そんなぁ…
へな
へな
落ち込むなー
これ食って
元気出せー
なにこれ
ヤマイモ？

●ヌルヌルフワフワとろろめし

●材料（1人分）

ヤマイモ	約100g	白ゴマ	適量
卵	1コ	めんつゆ	適量
納豆	1パック	ゴハン	丼1杯
メカブ	1パック	海苔	適量

長芋でも大和芋でもOK！
ヤマイモをすりおろして混ぜるだけ

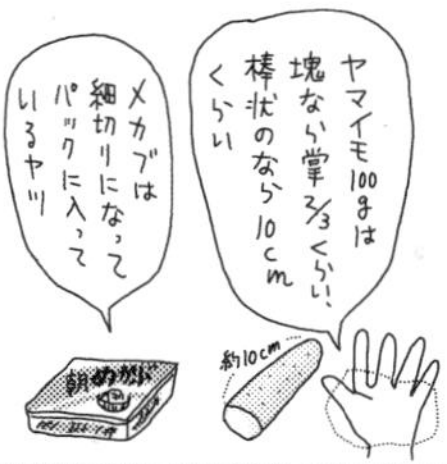
ヤマイモ100gは塊なら掌2/3くらい！棒状のなら10cmくらい
メカブは細切りになってパックに入っているヤツ
朝めかぶ
約10cm

作り方

①ヤマイモは皮をむいてすりおろす。

②卵、メカブ、納豆、白ゴマを加えてフワッとするまで思いっきりかき混ぜる。

③味を見ながらめんつゆを少しずつ加えさらに混ぜる。

④熱いゴハンにたっぷりかけてちぎった海苔をのせてできあがり。

ヤマイモの皮は包丁の刃を滑らせてこそげ落とすとよい
すりおろしきれなかったところは小さく刻んで混ぜとく。シャリシャリしておいしい～
底をたたきつけるように混ぜる
シャカ
シャカ
メカブや納豆にタレがついていたらそれも混ぜとく
シャカ
シャカ
シャカ
さっとゆでたオクラやモロヘイヤを刻んだのをのせるのもイイ
米の1/3を押麦（米売り場に売ってる）に変えて炊いた麦飯にかけてもおいしい

ズルズル
ぱくぱく
あ…なんかちょっと元気出たかも
そうかっ
ありがとうアッくん！
じゃあ吸うぜ！
ガバ
あう…
あ また元気なくなった
もっと食え食え！
げっそり…
…というかさあ…アッくん
オレが食ったエネルギーをアッくんが吸ってるってことは…
アッくんがこれ食えば早いんじゃねえ？
ズルズル
ぱくぱく
ど、どう？
あ
オマエ頭いいなあっ
バシバシ
た、助かった〜
ホッ…

今回のポイント

●ヤマイモ

糖質分解酵素ののジアスターゼやアミラーゼ、蛋白分解酵素や粘膜修復作用のあるぬめり成分のムチンなど、多くの消化酵素を含み、消化・吸収に優れ、エネルギーとして利用しやすいため、精がつく物と言われる。大きく分けて長芋、大和芋、自然薯があり、順に粘りが強く値段も高くなる。皮付近は灰汁が強く皮を剥くとき痒くなることがあるが、その場合は水洗いしてから酢を塗るとおさまる。手に酢を塗ってから調理もよし。

形もいろいろだぜっ
大和芋
長芋
じねんじょ

クッキングピープル
使えるカンタン料理コミック
膳の11
あーっ
カッパだー
カッパだー
ん？
おじさんはカッパじゃありません
ウソつけー妖怪大事典に出てたのとそっくりだぞっ
…ヤレヤレ
カッパー
カッパー
おーい
…………
キュウリやるよカッパママがもう捨てるっていうヤツもらってきてやったぞっ
おじさんはカッパじゃないししなびたキュウリもいりません!!
カシャ
カシャ
ウソつけー妖怪大特集にはカッパはキュウリが好物だって書いてあったぞっ

……ヤレヤレ
カッパー キュウリ 食べるとこ 見せてくれよ カッパー
ただいまー
ただいま?
……
……
…あなた カッパ だったの?
はあ
オイオイ 母さんまで 何いってんの?
だって今 テレビで…
こちらは先ほど カッパが出たという 現場です!
これが 坊やが撮った カッパの写真 です!
カッパー 出て来い カッパー!
……
…ったく もう
あ
そんなワケ ないでしょ さっき 散歩の途中で この変な子どもに 付きまとわれた んだよ~
そ、 そうよね
で、その キュウリは?
どうします かねえ… このしなびた キュウリ

●カッパのスープ茶漬け

ごはんを別にし、具だくさんのおかずスープとしてもいい!

●材料(2~3人分)

豚バラ薄切り肉	約100g
キュウリ	1本
豆腐(絹)	1/2パック
生姜	ひとかけ
固形チキンスープ	1コ
水	3カップ
塩、コショー、ゴマ油	少々
白ゴマ	適量
ゴハン	適量

お買い得キュウリの最後の一本はこのスープに決まりだ!!

作り方

①キュウリと豚肉と生姜は細く切る(図参照)。

②鍋に豚肉と生姜を入れ、中火で軽く焦げ目がつく程度に炒め塩、コショーをふる。

③水を注いで強火にし、煮立ったら表面に浮いたアクと脂を適当にとって固形スープを加える。

④キュウリと豆腐を加え、再び煮立ったら味をみながら塩、コショー。香り付けにゴマ油を少々たらしてできあがり。
器に盛ったゴハンにかけ、白ゴマをふる。

きゅうりは斜め薄切りにしてから細く切る
P
S
脂は全部とると旨みもなくなるのでちょっと残っているくらいでよい
ゴマ油
キュウリと豆腐を投入後はあまりグツグツ煮ない!!

へえ〜 しなびた キュウリも こうすれば おいしいのね
だろっ
サラ サラ
さすが カッパが 作った 料理ね
またそれを いう…
ん? 誰だろ?
ピンポーン
ドカドカ
ドカ
保健所です ここにカッパが いると通報が ありましたので
?!
わあああああ
ズルズル
あなたー
えー カッパ確保ー カッパ確保ー
さ、カッパ ゴハンだぞ
わたしは カッパじゃないし キュウリも いりませんっ
ガン ガン ガン
ここから 出しな さーい
出してー
カッパ
雪女
ガン ガン ガン
どうみても 普通の人間 ですよねえ 所長…
いいんですよ テキトーで

今回のポイント

●キュウリとカッパ

カッパは水神の化身とされ、水神の供物にカッパの好物のキュウリが使われたり、カッパの活躍時期とキュウリの成長収穫期が同じなど、何かと縁のあるカッパとキュウリ。6月〜8月に旬を迎え、成分の96%が水のキュウリは利尿・消炎作用があり、体のむくみや内にこもった熱を取るため夏バテ予防にも積極的に食べたい野菜。少々しなびてしまった最後の一本のキュウリは今回のスープのように少し火を入れる料理がオススメ。

キュウリは たてて保存 しよう

膳の12
クッキングピープル
使えるカンタン料理コミック
おーい 帰ったぞー
ガラ ガラ
お帰りなさい あなた
なんだ なんだ その顔
え…
今日も あいかわらず 暗えなあ
ただでさえ 毎日梅雨で うっとおしい のによぉ!
……
すみません…
じわっ
わー 泣くな 笑え笑え
わわっ 無理に 笑うなっ
余計 気持ち わりぃっ
ヒク ヒク
そんな…
ダー
こ、こら だからもう ジメジメ すんなって!!
…ったくー オレが 湿っぽいの 嫌えなのは 知ってんだろ!!
すみません こんな性格で …
うっう…
あー、もう わかった わかった とりあえず この下がった 口の端を だな…
あ…
ん?

なんだ
この毛？
え…
キュッ
くいっ
あ
うわ
せせこましい
顔になっちまった
な、何が
どうなったんです？？
抜いちまえ
ビッ
パアアアアアアン
お
…わあー
なんかすごく
すっきりした
気分！
あなたっ
今日のごはんは
ドライカレーよっ！
お、
いいぞいいぞ
その調子だ！

●ナスドライカレー

●材料（約2人分）

ひき肉…………… 100g
タマネギ……… 中1/2コ
トマト …………… 中1コ
ナス…………… 2〜3本
生姜 ………… ひとかけ
市販のカレールー … 2皿分
オリーブ油 …………適量
塩、コショー ………適量
ゴハン………………適量
ゆで卵、パセリみじん切り
……………………お好み

トロリとした
舌ざわりの
焼いたナスに
カレーがからんで
いいカンジ!!
パンやパスタ
でもいける!!

カレーのルーが
固形なら包丁で
小さく切っておく
ナスは
細めで

作り方

①タマネギと生姜をみじん切りにする。
トマトは適当にきざんでおく。
ナスは1㎝の輪切りにし塩水につける。

②鍋に油少々をひいて
ひき肉、タマネギ、生姜を炒める。

③タマネギが透き通ってきたら
トマトとカレールーを入れ
ルーを溶かしながら中火で7〜8分煮る。

④別の鍋に油を多めにひいて
水気を拭いたナスを並べ
中火で両面をこんがり焼く。

⑤カレーの鍋に焼いたナスを入れ
ひと混ぜしてできあがり。
ゴハンにのせて、ゆで卵を添えたり
パセリを散らしたりしてどうぞ。

海水くらいの塩加減

おまえもやればできるじゃないか
ぱくぱく
ホホホそうですね
じゃああとでコレにハンコお願いしますね
離婚届
え??
何コレ?
いつまでもウジウジしてちゃいけませんよね
やっと決心つきました
前からいつ言おうかと悩んでいたんですよー
ま、待てオレが悪かった考え直してくれぇぇ
やだぁ湿っぽいのはやめてくださいよ
あたしはやり直したいだけですから
それじゃあなたお元気でー
ヨシエ～
ズルズル

今回のポイント

●ドライカレー

汁気がないので煮込むことなくすぐに作れ、時間がたっても美味しいドライカレーは、ムシムシした季節に嬉しい一品。ご飯にのせて夕食に、ロールパンにはさんでお弁当に、スパゲティにかけてお昼ご飯にと、多めに作って3度楽しむのもオススメ。具は焼いた茄子の他、キノコやピーマンなど焼いて美味しい野菜ならなんでも代用OK。また、トマトとともに冷凍グリンピースを入れて煮た『青豆ドライカレー』もオススメ！

半日以上の保存は冷蔵または冷凍して下さい
暑い時期なら冷たいままでも案外いけます

クッキングピープル
使えるカンタン料理コミック
膳の13
それでは健康診断を始めます
該当する欄にチェックをしてくださいね
柏木くん例の書類まだ出てないんだけど
あ、はいすいません
①最近、注意力散漫で仕事のミスが増えた。
あ…あれ合わない
②上司に怒られストレスが溜まっている。
またですか……ったく何年この仕事やってんの？
ねちねち
す、すみません
③昼食はカップラーメンだった。
はあ…
ズルズル
④わけもなくイライラする。
ぐあああ
ガシガシ
バタバタ
⑤脱毛、肌荒れが気になる。
あ
ごっそり…
⑥情緒不安定だ。
うううう っ
ダアーー

⑦ついつい意味不明な行動をしてしまう。
アオッ
⑧ついつい反社会的な行動をしてしまう。
コピー用紙を節約しましょう
リサイクル
あの…
ガーー
ガー
⑨ついついい幻覚をみてしまう。
どうしたんですか? 柏木さん
顔色悪いですよ
大丈夫か?
ブタにキツネにカッパ……
⑩誰かが自分を落としいれようとしている。
ち、近寄るな!!
⑪ついつい世界征服を企んでしまう。
ゆけートランプ
オレ様の命令に従うのだー
カチャ カチャ
⑫悪魔と契約した。
サタンよいでよぉぉぉぉ
ぬおおおおおおおおおお
以上、すべてに該当された方はカルシウム不足の傾向がありますので
今夜の晩酌のおつまみはこれにしてみてくださいね
ムハハハハハ
柏木さん今日はもう帰ったほうがいいよ

●揚げジャコ冷ややっこ

●材料

豆腐
チリメンジャコ
ゴマ油
ポン酢醤油
好みの薬味
（ネギ、生姜、青ジソなど）
……………… すべて適量

冷ややっこに ほどよい ボリューム感を プラス
ビールにも お酒にもあう
そして ごはんの オカズにも!!
チリメンジャコは シラスをしっかり 干したものです
ちなみにシラスは イワシの子ども です〜

作り方

①小皿にチリメンジャコを入れ浸るくらいにゴマ油をかける。

②電子レンジで数十秒加熱。揚げジャコを作る。

③豆腐に好みの薬味と揚げジャコをのせポン酢醤油をかけて完成。

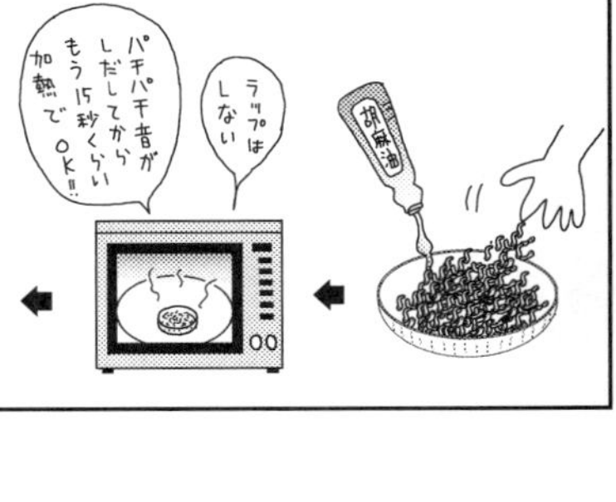

胡麻油
ラップは しない
パチパチ音が しだしてから もう15秒くらい 加熱で OK!!

トマトや オクラ、カイワレ大根などを添え、サラダ風にするのも おすすめです〜
油ごと かける
しょうゆと レモン汁で キリッとさせる のもいい!!
好きな薬味を たっぷりのせて…
●おろしショーガ
●ゴマ
●青ジソのせん切り
●刻みネギ

今回のポイント

●カルシウム

骨や歯の主成分となる他、血液中にも存在して神経伝達の役割を担い興奮や緊張を緩和し苛立ちを抑える。筋肉の収縮や血液状態にも影響し、不足状態が続くとマンガのような状況に陥る可能性もあり、多くのストレスにさらされる働き盛りに重要な栄養素である。ビタミンDやタンパク質と同時に摂取すると吸収率がUPするため、じゃこ（ビタミンD＋カルシウム）と豆腐（タンパク質）はもってこいの組み合わせである。

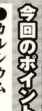

膳の14
クッキングピープル
使えるカンタン料理コミック
ダラ
あぢー
だりー
なんもやる気しねー
そろそろ夏バテかなー
って、年中バテてるけどなー
オレってバテるために生きてんのかなー
ピンポンー
ん？
村山さんー宅配便ですー
うえー宅配便ー
めんどくせー
ありがとうございましたー
えーっと
差出人
宇宙防衛軍
第三艦隊総司令官
村山…
って、誰？
ん、音楽が聞こえる
ベリベリ
ボン
ハーイ
あぁ

？？
ワタシタチ ミライノ チキュウカラ キマシター
アナタハ ミライノ チキュウヲ スクウ タイセツナ ヒト！
ゲンキダシテ クダサイー
パフー パフー
地球を救う？ 誰が？？
アナタ ガ！
キョウハ ミライノ アナタカラ ウナギ アズカッテ キマシター
広告の品
え？
うへー ありえねー 誰のイタズラだよ、これー
ズンチャカ ズンチャカ
って、そこのスーパーの特売ウナギやん
サー ウナギタベテ サンバオドッテ ゲンキダシテ イキマショー
イキマショー
ピーピー
ドンツク
わーい ワケわかんねー
―若い頃のオレへ―
オレは宇宙防衛軍
第三艦隊総司令官の村山だ。
そしてオマエはオレで
オレは未来のオマエだ。
とりあえずウナギだ。
ズンチャカ ズンチャカ
パフー パフー

●ウナギのひつまぶし

●材料（2～3人分）

ウナギの蒲焼………… 1尾
米……………… 2カップ
酒……………… 1/2カップ
塩………………ひとつまみ
水………………… 適量

◇薬味用
ミツバ・海苔・ワサビ
………………… 適量
◇お茶漬け用
昆布茶・熱湯 …… 適量

薬味はこの他青ジソ、ネギ、粉山椒、白ゴマ、塩もみのキュウリなどもおすすめ!!
ワサビ
蒲焼きに付属のタレも使う

1杯で3度おいしい!!
これは2度めにおいしい図↓

作り方

① 炊飯器に洗った米と酒、塩、蒲焼に付属のタレを入れて混ぜいつもの水加減まで水を足してスイッチオン！

② ウナギ蒲焼を2㎝幅ほどに切り炊飯器のスイッチが切れたらすぐに放り込んで蓋をして10分ほど蒸らす。

③ ウナギをなるべく潰さないようにさっくり混ぜて丼に盛り、刻んだミツバと海苔とワサビを添える。

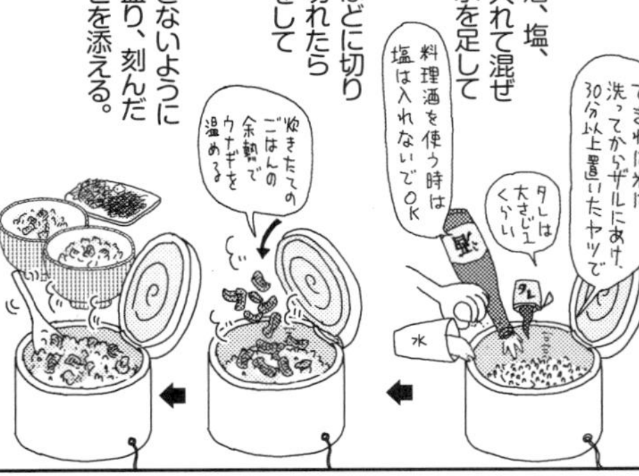

できれば米は洗ってからザルにあげ、30分以上置いたヤツで
タレは大さじ1くらい
料理酒を使う時は塩は入れないでOK
タレ
水
炊きたてのごはんの余熱でウナギを温める

食べ方

一、まずはそのままシンプルにウナギご飯で。

二、途中でミツバ、ワサビ、海苔など薬味を加えて味の変化を楽しむ。

ワサビがうまい!!

三、最後は昆布茶をふりかけ熱湯を注ぎ、サッパリお茶漬けに！

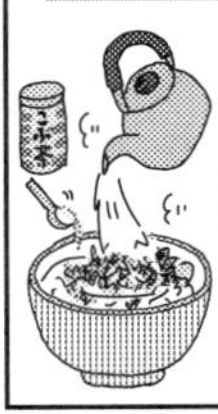

こぶ茶

ごちそうさまー うまかったー
キリッ
プハー
なんか元気も出てきたぞー
地球の未来はオレ様にまかせとけー!!
ワーイ
ピー
ドンドン
村山さん! 警察です!!
ん
近所からお宅が異常に騒がしいと通報が…
あ、すいません
ん? な、なんだその水着はっ!?
へ?
あれ、いない??
ガラーン
おーいみんなどこいった?
おーい おーい
ぬううう怪しいヤツ
数十年後、彼が地球を救うことはまだ誰も知らない
ちょっと署まで来てもらおう
こらー
オレを誰だと思ってンだ! 総司令官の村山だぞーっ!
ずる ずる

今回のポイント

●ひつまぶし

品質にばらつきのあるウナギを美味しく食べるため考案されたという名古屋名物。簡単に美味しく作るにはいくつかポイントがある。◇べた付かないよう、タレはご飯に炊き込んでしまう。◇酒多めと塩少々を入れてご飯を炊いて風味を補う。◇炊きたてご飯の余熱を利用して冷えた蒲焼をふっくらと蒸す。◇薬味は好きなものをたっぷり用意。ワサビは必須。◇ダシ汁替わりに昆布茶で料亭風のお茶漬けも簡単に!

ヒツマブシミタイケンノヒトハ ゼヒタメシテミテネー!!

膳の15
クッキングピープル
使えるカンタン料理コミック
45
プワ
プシュ
ぐび ぐび ぐび ぐび
ちゃぷん…
うめーっ
へへっ
もうちょい上げてみっかな
今日はツマミも冷やしてあるしよ
46
うわっ46℃
47
また上がった47℃!!
パパ今日は新記録なんじゃない?
…ったく風呂上りのうまい一杯のためだかなんだか知らないけど
毎回茹でダコみたいになるまで熱いお風呂入っちゃって…
えータダでさえ夏は暑いのにぃ
その分余計ビールがおいしいんだってよ
ふーん
もー倒れても知らないんだから

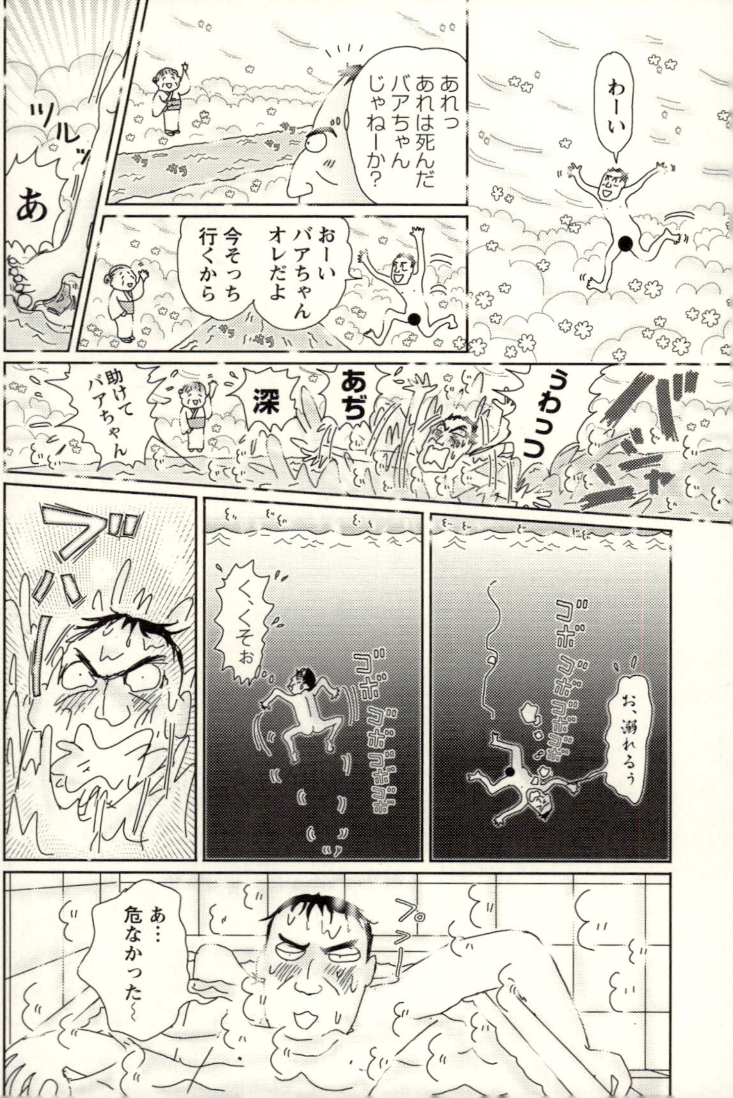
わーい
あれっ あれは死んだ バアちゃん じゃねーか？
ザラ ザラ
おーい バアちゃん オレだよ 今そっち 行くから
ツルッ
あ
バシャ
うわっっ
あぢ
深
助けて バアちゃん
お、溺れるぅ
ゴボゴボゴボゴボ
く、くそぉ
ゴボゴボゴボ
ブハー
プハー
あ… 危なかった～

●タコのマリネ

●材料

茹でタコ……………… 1本（約200～300g）	《ドレッシング》
タマネギ…… 中1／2コ	酢、オリーブ油……各おちょこ1杯ずつ
プチトマト…………10コ	おろしニンニク……適量
パセリ………… 4～5本	塩、コショー………少々

そのまま器にあけてつまむもヨシ。
レタスやサラダ菜を敷いて、豪華に見せるもヨシだ。

普通のトマトでもよい
●プチトマト
●タマネギ
蒸しダコやお刺身のタコもよい
●ゆでダコ
バジルや青ジソもよい
●パセリ

作り方

①材料を図のように切ってポリ袋に入れる。

タコはやや厚めにスライス
タマネギはなるだけ薄切り
プチトマトはヘタを取って半分に切る
パセリはみじん切り

②酢、オリーブ油、おろしニンニク、塩、コショーを加える。

ニンニクはチューブのでも
酢

③袋の上からよく混ぜる。

袋の口を持って上下に振ったり軽くもんだりして全体をよ～くなじませる

④空気を抜いて袋の口を閉じ冷蔵庫で冷やしてできあがり。

2時間後くらいからが食べ頃
このまま2、3日はもつ

★一応、分量が書いてあるけど、適当でOK～

プハーうめーーっ
生きててよかったー
ふーんそんなに美味しいんだ
オマエも大人になってビール飲めるようになったらわかるさっ
じゃもう1回行ってくらー
やだまたお風呂？
バアちゃん待ってるからな！
パタン
へ？
バアちゃん？
それっきり父の姿を見た人はだれもいません
プハー
おいしー
あの時のパパの気持ち今ならちょっとわかるかなあ〜
ちゅーかどこ行っちゃったんだろねパパは〜

今回のポイント

●マリネ

肉・魚・野菜などの素材に味と香りをしみこませたり、柔らかくするため漬け汁に浸す調理法、またその料理をマリネと言い、漬け汁に使う酢や油、香辛料やハーブによって様々なアレンジが可能。例えば今回のレシピなら、柚子コショウと醤油を加え和風に、胡麻油とラー油とネギに変えて中華風になど。もっと簡単に、フレンチ、イタリアン、和風、中華等の市販の各種ドレッシングで『マリネ』しても結構イケル。

好みの味をみつけよう!!

クッキングピープル
使えるカンタン料理コミック
膳の16
う……ん?
お目覚めですか? 大統領
はっ
ここはどこだ? 君は誰だ?
それはわたしとのゲームに勝ったら教えてさしあげます
キ、キサマ!! アメリカ大統領であるわたしを誘拐したのか??
ええ あなたとゲームをしようと思いましてね
ゲーム? なんのゲームだ?
それは…
しし唐ゲーム!!
?
し、しし唐ゲーム?
しし唐ってうまいけどたまにすごく辛いヤツが混じっててヒーッってなるアレか?
はい。そしてその決定的な見分け方はないといわれてます
今からここに用意したしし唐料理をわたしと大統領で交互に食べ先に辛いのに当たったほうが負け!
わたしが負ければあなたを無条件で即解放しましょう!!

で、わたしが負けたら？
あなたが負けたら…
大統領をやめてもらいます
ぬううう
よし、のった！
では、さっそくわたしから
このゴマのかかったヤツいきましょう
フフフ
わたしは子どもの頃からこの手のゲームには負けたことがないのだ！
ぱく
おいしいです
では大統領どうぞ
うむ
ドキドキドキドキドキドキ
じゃ、わたしはこのベーコンと炒めてあるヤツだ！
ぱく
う、うまいぞっ
ではわたし
ぱく
大統領
ぱく
わたし
ぱく
大統領
ぱく
ぱく
わたし
大統領
ぱく
ぱ…
パンパカパーン
ひー
大統領大当たり〜〜〜っ

●しし唐三昧

●しし唐のニンニクベーコン炒め

《材料》

しし唐、ベーコン、おろしニンニク、オリーブ油、あらびきコショー、レモン汁

●しし唐の甘辛炒め煮

《材料》

しし唐、ゴマ油、砂糖、醤油、削り節

●しし唐の焼きびたし

《材料》

しし唐、ポン酢醤油、白ゴマ

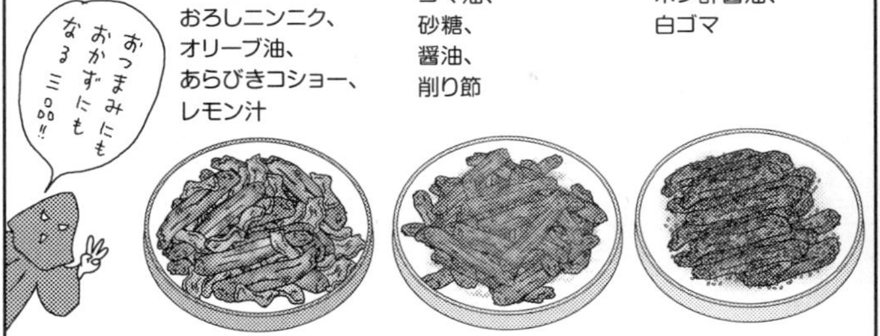

おつまみにも
おかずにも
なる三品!!

作り方

しし唐は洗って軸を切り落とし切れ目を入れておく（全品共通）。

◆**しし唐の焼きびたし**

油なしのフライパンでしし唐を焼く。ポン酢醤油にジュッと漬ける。皿に盛って白ゴマをふる。

◆**しし唐の甘辛炒め煮**

しし唐をゴマ油で炒める。しんなりしたら砂糖と醤油をふりかける。削り節を加えてパラッとするまで炒める。

◆**しし唐のニンニクベーコン炒め**

オリーブ油でベーコンとしし唐を炒める。途中でおろしニンニクも加える。最後にあらびきコショーとレモン汁をふる。

このあたりで切る
穴を開けておかないと、調理中に爆発する恐れあり!!
ジュッ
冷してもおいしい!
削り節のかわりにチリメンジャコでもおいしい
かつお
スパゲティとあわせて『しし唐のペペロンチーノ』とするもよし
P

おはようございます〜朝刊です〜
ごくろうさま
おー
毎朝新聞
アメリカ大統領突然の辞任!
いったいなぜなの
…さてと…
今日は勝てるかなあ〜
おい、コラ
ここから出せ!
わたしを誰だと思ってるんだ!!
キィ
わたしとゲームをして勝ったらタダで解放しますよ内閣総理大臣
なにぃゲーム?
ここにあるしし唐料理を交互に食べて先に当たったほうが負け
総理が負けたら即総辞職ね
わ、わかったいいだろう
あひー

今回のポイント

●しし唐

ビタミンCを多く含み、免疫機能向上・疲労回復効果があり夏バテ対策に有効。唐辛子成分カプサイシンも含みダイエット効果も期待できる優秀野菜でありながら、稀に非常に辛いものが混じるちょっと危険な野菜でもあるしし唐。『曲がったヤツがヤバイ』『真夏は辛味が増す』など諸説あるが決定的な見分け方はプロ農家にもないという。食べるまでわからない…そのスリルを味わうことも含め、しし唐は美味しいのだろう。

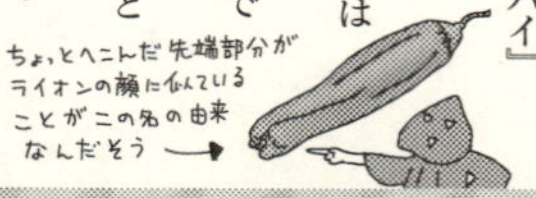
ちょっとへこんだ先端部分がライオンの顔に似ていることがこの名の由来なんだそう

膳の17
ズル
ズル
ズル
クッキングピープル
使えるカンタン料理コミック
は〜
このノド越し！
夏はやっぱり冷やしぶっかけうどんだよな〜
チュル
ズル
ズル
ん？
あれ？？
チュ…
な、なんだ？
引っ張られてる??
ピーン
ぐぃ
おっと
ぐぐっ
ぐいっ
ま、負けるモンか！

うおっ
ぐいっ
わあああああああ
ぐいーん
ズボボッ
だれ？
どこ？
ピン
こうして一本の不思議なうどんで結ばれたボクたちは
まもなくして結婚
おめでと～う
よかったな～
幸せになれよ～
そして50年の月日が流れた
おーい バアさんや
あれから2人のうどんが結ばれていたことは一度もないけれど
今日のごはんはなにかな？
冷やしぶっかけうどんですよ おじいさん
心はしっかり結ばれている
やったー

●冷やしトリキュー ぶっかけうどん

●材料（2人分）

うどんの麺……………2人分
鶏ササミ…………………2本
キュウリ…………………1本
塩…………………………少々

めんつゆ＋水……3.5カップ
おろし生姜………………少々
大根おろし…………5cm分

氷、
白ゴマ……………………適量

かけ汁は飲めるくらいの濃さで多めがオススメ！
ウドンは冷凍めん、乾めん、ゆでめんなどお好みで～

作り方

①鍋に湯を沸かしてうどんをゆで流水で洗ってよく冷やす。

②うどんのゆで汁にササミを入れ3分ゆでて氷水にとる。

③キュウリはせん切り、大根と生姜はすりおろす。ササミは細かく裂き塩少々を混ぜる。

④めんつゆをかけそば用くらいに薄め大根おろし、おろし生姜、氷を入れかけ汁を作る。

⑤かけ汁がよく冷えたらササミとキュウリをのせたうどんにかけ、白ゴマをふる。

袋の指示どおりゆでればよい
氷が溶ける分、きもち濃い目にしておく

今回のポイント

●ササミ

鶏むね肉の一部で形が笹の葉に似ていることから命名。牛肉や豚肉のヒレに相当する部位で、脂肪は少なく味は淡白。最高部位ながら鶏肉ゆえに値段は手ごろな嬉しい食材だ。新鮮なものは刺身でもいけるので、火の通り具合にさほど神経質にならずともOK。夏の冷たい麺には良質のタンパク質をプラスすることが望ましいが、麺を茹でるついでに手軽に調理できるササミはぴったりだ。生姜や胡麻などの薬味をそえてどうぞ!

膳の18
クッキングピープル
使えるカンタン料理コミック
ただいまー
キェェェェェ
おかえりなさーい
ボクの奥さんは最近、黒魔術にはまっている
わー今日はまたいちだんと気合入ってんなあ
多少、家の中は不気味になったが
ふふっそれがねー
ネットで検索しまくってたらついに大魔王の召喚方法、見つけちゃったのよ〜
これから召喚の呪文に1時間かかるんだけどいい？
性格が変わったわけでもなく
いいよじゃあ、夕飯なんか作っておこうか？
あ、大丈夫準備はできてるの
あなたはお仕事で疲れてるんだからゆっくりしててね
家事もきっちりやってくれる
ほーい
特に困ることもないので趣味に没頭する彼女をボクはあたたかく見守っている
あ、コンロの鍋に火だけつけておいてくれる？
ぐつぐつしてきたら弱火にしてくれればいいから
OK〜

5分後
♪
グツグツしてきたら弱火…と
んじゃ、オレは風呂でも入ってっかな～
30分後
おー盛り上がってんなあ～
50分後
いい匂いしてきた～
1時間後
きえええええええ
どすどすどすどす
ブッ
だ、大丈夫か？美奈子!!
バタバタ
出ちゃった♡
スッ
え？
こちら大魔王さん
こんばんはお招きありがとうございます
!?
召喚していただいたとはいえこんな夜分にお邪魔して申しわけございません
あ、いえ…お、遅くまでごくろうさまです

●オニオンアドボ（フィリピン風鶏のタマネギ煮込み）

●材料（大盛り2～3人前）

鶏モモ肉……………………… 2枚
タマネギ…………………… 中2コ
ニンニク、ショウガ ………… 各一片
酢、醤油 ………………… 各大さじ3
塩、あらびきコショー… 各小さじ1／2
月桂樹の葉（ローリエ） …… 1～2枚

ゴハン、
レタス…………………………… 適量

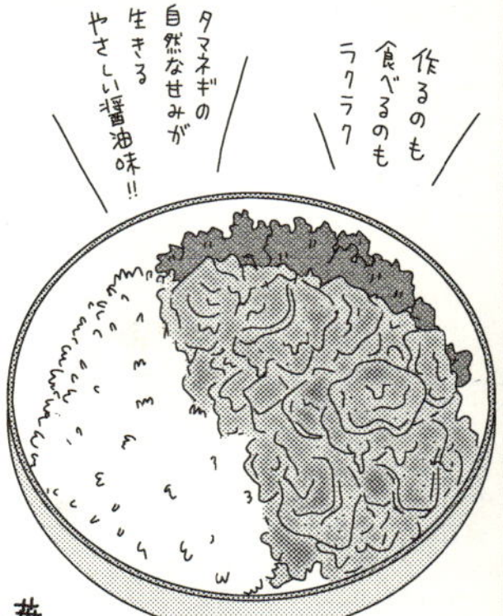

作るのも食べるのもラクラク
タマネギの自然な甘みが生きるやさしい醤油味!!

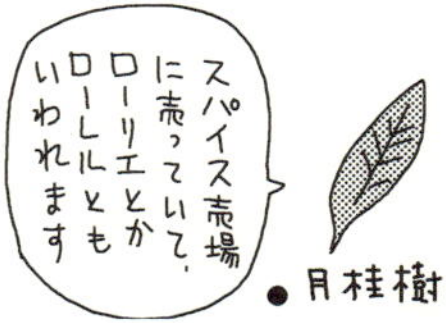

スパイス売場に売っていて、ローリエとかローレルともいわれます

●月桂樹の葉

作り方

①タマネギはみじん切り、ショウガとニンニクはすりおろし、鶏肉は大きめに切って鍋に入れる。
他の材料も入れる。

②よく混ぜてから蓋をして1時間おいておく。

③火にかけ、グツグツいいだしたら弱火にして1時間煮る。

④白いゴハンにかけ、レタスを添える。

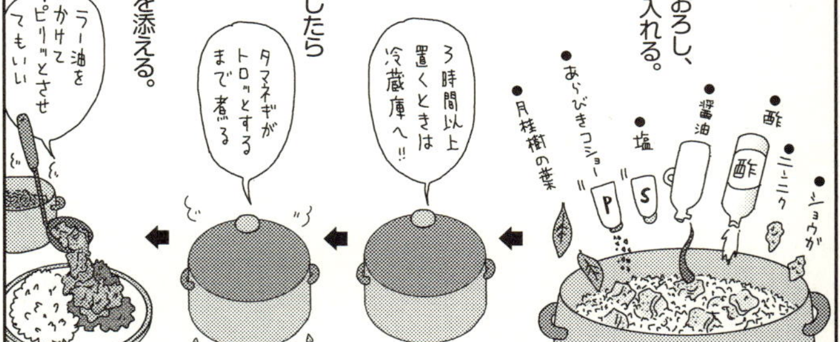

●酢
●ニンニク
●ショウガ
●醤油
●塩
●あらびきコショー
●月桂樹の葉
3時間以上置くときは冷蔵庫へ!!
タマネギがトロッとするまで煮る
お好みでレモン汁をかけ甘酢っぱくしてもいいし、
ラー油をかけてピリッとさせてもいい

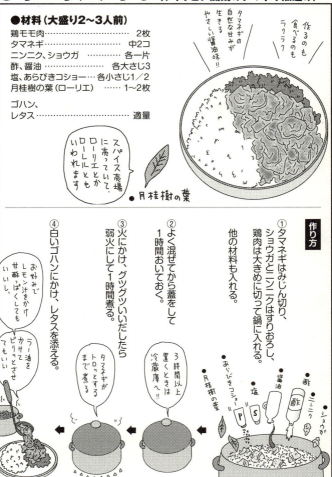

ごちそうさま！
たいへんおいしかったです
お口にあってよかったですー
じゃあそろそろ失礼します
え、もう帰っちゃうんですか？
ゆっくりしてってくださいー
そうしたいのですがこれ以上悪いことが起きてはいけないので…
これ以上？
悪いこと？？
では失礼します
ちゅうかあんまり怖くなかったね大魔王
そうだな
すげー
わおー
ピーポーピーポー
なんだなんだ
わたしは今ひとつの街が突然消滅したという現場に来ています!!

今回のポイント

●オニオンアドボ

フィリピンの煮込み料理『アドボ』のタマネギたっぷり版。酢とタマネギに漬け込んでから煮た肉はホロッと柔らかジューシー、ボリューム感がありながら、ノンオイルなためカロリーは控えめ。やさしい醤油味は白いご飯とよくあい、エスニック料理風ながらホッとできる味で、子どもにも大人にもウケル一品だ。鍋の中で材料を混ぜたら1時間おいて1時間煮るだけなので、家にはいるけど仕事や趣味で忙しい日のご飯に！

アドボの作り方はいろいろあるけど
要は酢に漬けてから煮込めばアドボでいいらしい

膳の19
クッキングピープル
使えるカンタン料理コミック
20××年
プエルトリコの電波観測所は
小熊座星雲のM46惑星から
微弱信号をキャッチ
あきらかに知的生命体からと
思われるそのメッセージに
人々は色めき立った
解読完了！
内容は『あなた方の訪問を心よりお待ちする』だそうです！
おおー
よし、宇宙人に会いに行こう！
時の大統領は訪問隊を派遣することを決定！
その計画の実現に向け世界中がひとつになり技術開発、資金調達、人材育成にとりくみ
Going to see aliens!!
7年後、ついに人類初の長距離有人宇宙船がM46惑星に向かって打ち上げられた
ドゴゴゴ
そして地球を離れて3年後——
命の保障はないのを承知でこの船に搭乗した宇宙飛行士カトウ、アンナ、ムハマドの前にM46惑星の姿が！
これより大気圏に突入!!
いよいよメッセージの発信者に会えるのね！
わくわく
ズーーン
お

こりゃ驚いた
なんか昔の地球みたいだ…
お
よう来なすったー待っとったでよぉー
で、ではあのメッセージはあなたが？
オウあんたらに見せたいものがあってなあー
立ち話もなんだからウチ来な！
あらー10年もかけて来てくださったんですかー
遠いところご苦労さまでしたねえ
コポ
コポ
あ、どうも
オレがコレでメッセージ送ったのは1時間前だったんだけどなあ
ケータイで送れんのか…
地球とこの星では時間の速さが違うんですよお父さん
そ、そうなのか…
で、我々に見せたいものとは？
ああそうそう
これ！
ちんちんナス!!
?!
このナスうちの畑でとれたんだけどおもろい形だろー
オイラもうおかしくておかしくて
ガハハハハ
この人ったらこれはぜひ地球の人たちにも見せてやらにゃーいいましてねえ
は、はあ
………
オレたちこれを見に来たん？
そうみたいね
さあさあ遠いところお疲れでしょうごはんも食べてゆっくりしてってくださいいな

●茄子豚の青ジソ挟み蒸し

●材料（2〜3人分）

ナス	2本
豚バラ薄切り肉	150g
青ジソ	10枚
塩、コショー	適量
ポン酢醤油	適量
削り節パック	1袋

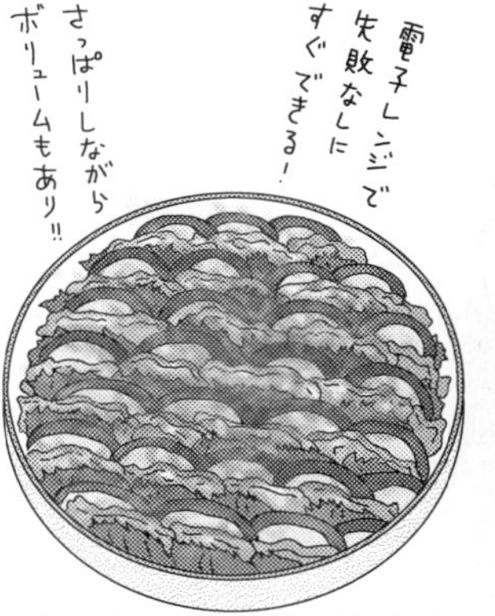
電子レンジで失敗なしにすぐできる！
さっぱりしながらボリュームもあり!!

分量は目安です
これでだいたい直径22cmの深皿がいっぱいになります

作り方

①ナスは縦半分に切ってから5㎜幅くらいに切り塩水につける。青ジソは縦半分に切る。豚肉に塩、コショーを薄くふり5、6㎝幅に切る。

②深めの皿にナス→豚肉→青ジソの順で重ねて皿一杯にする（図参照）。

③ラップをかけて電子レンジで約5〜6分加熱。

④ポン酢醤油と削り節をかけてできあがり。

●ナス
●青ジソ（大葉）
●豚肉
P S
少ししょっぱいくらいの塩水

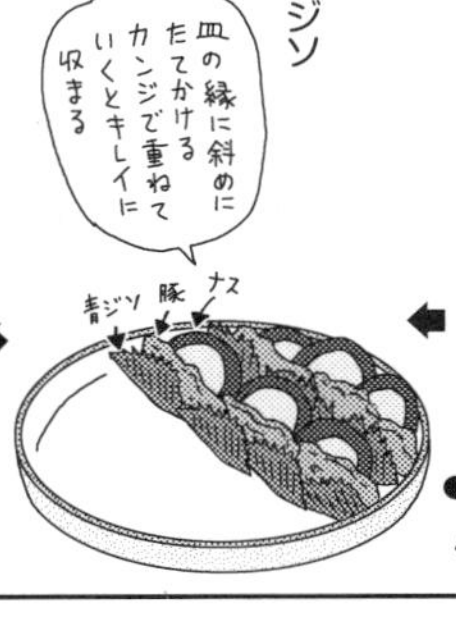
皿の縁に斜めにたてかけるカンジで重ねていくとキレイに収まる
青ジソ
豚
ナス

ラップはふんわりとかける
豚肉の色が変わりナスが柔らかくなってれば OK!!

かつお
ぽん酢

どれどれ地球のようすでも…
地球は何チャンだっけか母さん？
地球だから19チャンでしょ
TVで見れるのか
この星のテクノロジーって進んでるのね
メッセージも携帯からだったしな
あ 滅亡しとる
ええっ!?
うそっ 着陸前までちゃんと交信してたのに
ヒュウウウ
でもここに来てごはん食べてくつろいですでに約2時間…地球時間で20年…
ありうるかも
そんなあ
オレたちがちんちんナス見てる間に地球は滅びてしまったというのかああ
うわーん
なんか悪い時に呼んじゃったなあ
でもちんちんナス見れたし
大丈夫大丈夫
ホラ、まだここに誰か歩いてる
完全に滅びたわけじゃないみたいよー

今回のポイント

●ナス

夏～秋が旬のナス。「ナス紺」と呼ばれるその独特の紫色は、アントシアニンの一種「ナスニン」という色素によるもので、体に有害な活性酸素を抑え動脈硬化など生活習慣病を防ぐ働きがあるとされるため、ぜひ皮も食べたい野菜である。焼く、蒸す、揚げる、炒めるなどいろんな調理法に向くが、特に油と相性がよいので、植物油を使ったり、豚バラ肉のように脂のある肉と組ませると、栄養吸収率UPでなにより美味しい。

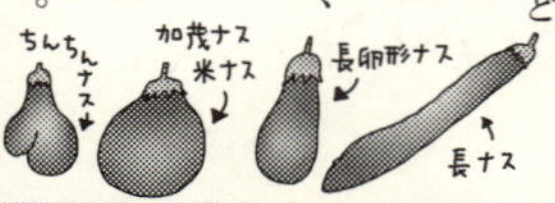
ちんちんナス
加茂ナス
米ナス
長卵形ナス
長ナス

クッキングピープル
使えるカンタン料理コミック
膳の20
吾郎さん…どうしても行ってしまうのかい？
ええ…自分は不器用な男ですから
ドカドカ
ドカ
見つけたぜ吾郎！こんなところにいやがったのかーっ!!
どちらさんで？
オイオイオレたちの顔忘れたっていうのか？？
ええ…自分は不器用な男ですから
なにぃ
オヤジの仇！覚悟しな!!
ちょっと待ちな！
先にうちの人に手を出したのはそっちじゃないか！吾郎はそのおとしまえ付けただろが！
あぁ？

オヤオヤ これは 松岡兄貴の 姐さん なるほど 兄貴亡き後 今はコイツと よろしくやってる ってワケですな
そ、そんなん じゃないわよ!!
ねえ、吾郎
ええ… 自分は 不器用な男 ですから
……
とにかく やっちまえ
オオッ
ボコ
ボコ
ボコ
ええ… 自分は 不器用な男 ですから
うぅっ
うぅっ
うぅっ
では
まって 吾郎さん
あんたみたいな 不器用な男に ぴったりの 餃子があるんだ 出ていく前に それをつまみに あたしと 一杯やって いかないかい?
ピキーン

●おつまみニラ餃子

●材料（餃子の皮1袋分）

豚ひき肉………………………… 100g
ニラ……………………………… 1/3束
餃子の皮 ……… 1袋（20〜24枚）
塩、コショー ………… 各ひとつまみ
ゴマ油……………………… 小さじ1
水………………………………… 適量

酢醤油、ラー油など …………… 適量

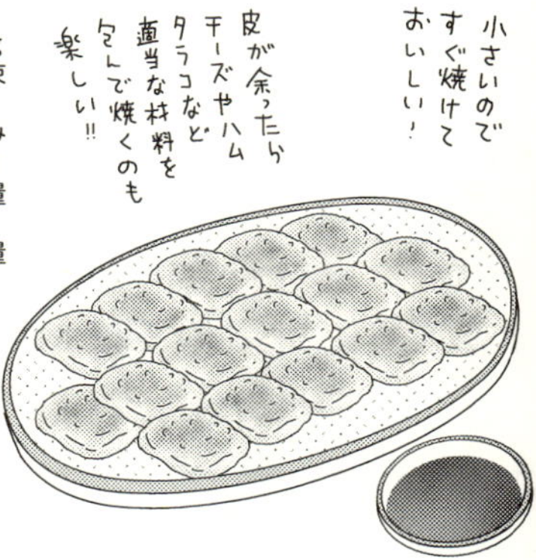

小さいのですぐ焼けておいしい！
皮が余ったらチーズやハムタラコなど適当な材料を包んで焼くのも楽しい!!

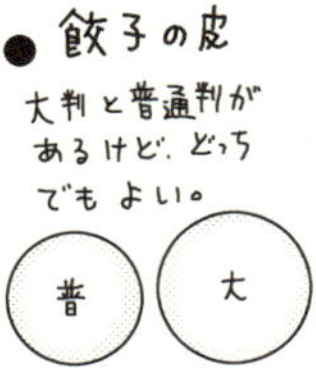

● 餃子の皮
大判と普通判があるけど、どっちでもよい。
普
大

作り方

①ニラを細かく切る。

②ボールに豚ひき肉、ニラ、塩、コショー、ゴマ油少々を入れてよく混ぜる。

③餃子の皮の中心に具をのせ封筒のように4辺を折りたたみ閉じ口を下にしておく（図参照）。

④ゴマ油を薄くひいたフライパンに餃子を並べ水を注いでフタをして強めの中火にかける。

⑤プチプチ音がしてきて水がなくなったらフタをとり周りからゴマ油を少量垂らして好みの焼き色が付くまで焼いてできあがり。

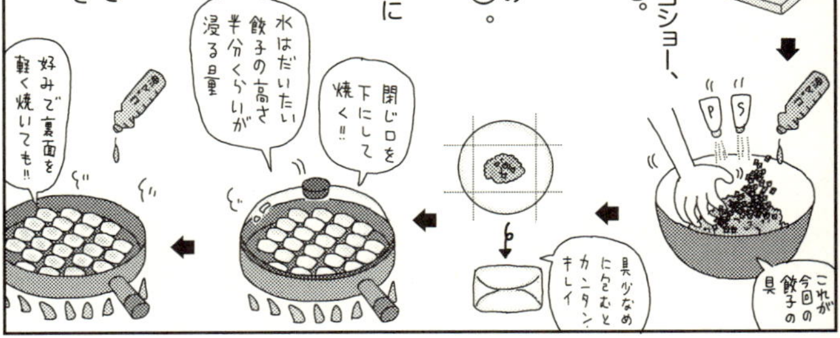

P
S
ゴマ油
これが今回の餃子の具
具少なめに包むとカンタン！キレイ
閉じ口を下にして焼く!!
水はだいたい餃子の高さ半分くらいが浸る量
ゴマ油
好みで裏面を軽く焼いても!!

翌朝
吾郎さん？
わっ
吾郎さん まさか 一晩中これ 作ってたの かい？
もく
もく
もく
ええ… 自分は 不器用な男 ですから
…ったく こんなに いっぱい…
一人じゃ 食べきれない じゃないか
これを 食べきるまでは ウチにいて もらうからね
ピキーン
コホン
ええ… 自分は 不器用な男 ですから
もく もく もく もく もく もく もく もく もく もく もく もく もく もく もく もく
ポッ

今回のポイント

●餃子の焼き方

『水を入れて蒸し焼きにした後に焼き目をつける』このやり方で生でも冷凍でも上手に焼ける。

◇焼き方おさらい◇

①油を薄くひいたフライパンに餃子を並べその半分の高さに水を入れる。（冷凍餃子は凍ったままでＯＫ）

②フタをし、強めの中火で蒸し焼きにする。

③プチプチ音がし、水がほぼなくなってたらフタをとり水分を飛ばしゴマ油少々を回し入れ、好みの焼き色を付ける。

もし、フライパンにくっついたら、熱いままぬれ布巾の上にジュッと置くとはがれやすい

ジュ

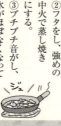

クッキングピープル
使えるカンタン料理コミック
膳の21
不幸続きの女 川原幸子(28歳)に 今日もまたひとつ 新たな不幸が 彼女を襲った…
はあ… まさか会社が 倒産するなんて…
明日から どうしよう… 先週アパートに 空き巣に入られて 貯金なくなっ ちゃったしなあ……
トボトボ
あ
それでも いつかは幸せに なれると信じ 日々を健気に 生きる幸子で あったが…
キレイな月… そういや 十五夜って 今ぐらい だっけ…
教えてください お月様… あたしは これからも 一生不幸なん でしょうか？…
ん？
わわっ なんか 来た!!

お迎えにあがりました月の姫
?!
つ、月の姫??あ、あたしが???
ハイ
地上での修行ご苦労さまでございました
え——???
どんなに不幸が続いても心のどこかでいつかは幸せになれると思ってきたけどコレだったのねー
ささ、どうぞお乗りください
ハイ
月の都にまいりましょう
あ
す、すみませんっ
へ?
人違いでした
ペコ
ペコ
あ…
な、なーんだ人違いかあそうですよねえ~
アハ
アハ
お詫びにこれを
卵?
半生の落とし卵にして月見で召し上がってみてください
それでは~
はぁ…

●鶏と野菜のお月見スパゲティ

●材料（2人分）

鶏もも肉	1枚
卵	2コ
スパゲティ	適量
ピーマン（赤、緑）	各1コ
キャベツ	2〜3枚
生姜	ひとかけ
レモン汁、黒ゴマ	適量
塩、あらびきコショー、油	適量

いろんなメニューに応用できる。トッピングの半生落とし卵がポイント！
メン、卵、野菜、ゴマの色あいも美しい!!

作り方

①お湯を沸かしてスパゲティをゆでる。鶏肉、野菜は小さめに切る。生姜はみじん切り。

②フライパンに油を少々ひいて鶏肉、野菜、生姜を入れて炒め塩、コショーで味をつける。

③ゆであがったスパゲティを加えてあえ、レモン汁をかける。

④残ったゆで汁を中火にかけ卵を落とし半生落とし卵にする。

⑤お皿にスパゲティを盛り黒ゴマをふって半生落とし卵をのせる。黄身に塩少々をふってできあがり。

スパゲティは塩を大さじ1杯入れた湯でゆでる
S
P
ゆで汁は捨てない！
ゆで汁を高さ5cm程に減らしてから卵を落とす
S
次ページの『今回のポイント』も見てね

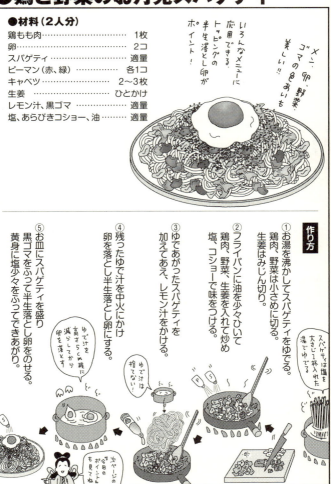

バカだなぁ
あたしったら
変な期待
しちゃってー
さ、ご飯食べて
明日からの
仕事探し
がんばらなきゃ
いただきます
あ
おいしい
この卵!
ぱく
ちょっと
幸せ…♡
がんばるんだぞ
幸子…
つづく

今回のポイント

●月見専用・半生落とし卵

トロリと柔らかい半生落とし卵を作るには、湯を80℃以上にしないよう注意して白身の状態を観察しながらゆっくり加熱、透明部分がほぼ全部白くなったのを目安に取り出せばOK。この時黄身はまだ生っぽく見えるが、下半分は程よい半熟になっているだろう。加熱中に蓋をしたり、黄身に湯が直接触れると、黄身の黄色が白っぽくなってしまうので、月見にしたい時は、蓋なしで中~弱火でゆっくり静かにゆでるのがコツ。

80℃の湯は
小さな泡が
ポコポコいってるくらい
スパのゆで汁じゃない時は
塩を入れた
湯で作って
下さいね

膳の22
クッキングピープル
使えるカンタン料理コミック
ホントにやるのか?トシオ…
トシオ…
オレはやる!
今の腐った日本の政治に庶民の怒りをぶつけるんだ!
でもそれしか方法はないの?
リスクは高いぞトシオ
これしかない!
じゃあなっチハル!あとは頼むぞカズ!!
ダッ
トシオ!
もくもく
もく
もく
もく
もく
もく
あっ
うおっトシオのやつホントにやりやがった!!
……
……

もくもく
いたぞ 不審者!!
ケホ
ゴホ
ケホ
おい オマエ 何をしている
あ
もくもく
もくもく
ぬぬ サ、サンマ焼いてるのか??
もくもく
もくもく
ジュー
ジュー
この煙は庶民の怒り! ここに巣くう腐った奴らをこれで燻《いぶ》し出してやるんだ!!
くらえ!!!
もくもく
もくもく
うわあああ
パタパタ
ゲホゲホゲホ
もくもく
取り押さえろ!!
わあああ
オレのサンマに触るなあああ!!!
ズルズル
ふう…
サンマならこんなに煙出さなくても焼けるのにぃ

●サンマ塩焼き四種

●材料

サンマ…………………………人数分
塩………………………………適量

あらびきコショー、柚子コショー、
七味唐辛子、クレイジーソルト
…………………………好きなの適量

●必要な道具

クッキングシート
フライパン

庶民の秋のご馳走 サンマの塩焼き! 変わり焼きなら意外とめんどうな『大根おろし』もしなくてオイシイ!!

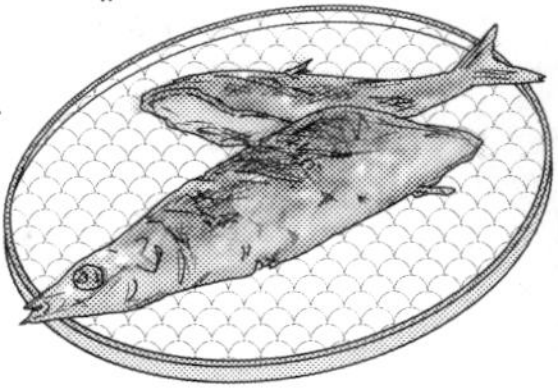

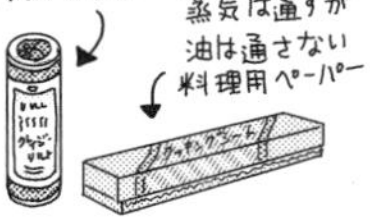

●クレイジーソルト
バジル・タイム・ガーリックなどの数種類のハーブ、スパイスと岩塩を混ぜてある。
●クッキングシート
熱に強くて蒸気は通すが油は通さない料理用ペーパー
クッキングシート

作り方

①サンマは洗ってキッチンペーパー等で水気をよくふき取り斜め半分に切る。(図参照)

②塩をまぶし、好みの味付けをする。

③フライパンにクッキングシートをしきサンマを並べて中火にかける。

④3〜4分ほど焼いたら裏返し両面を色よく焼いてできあがり。

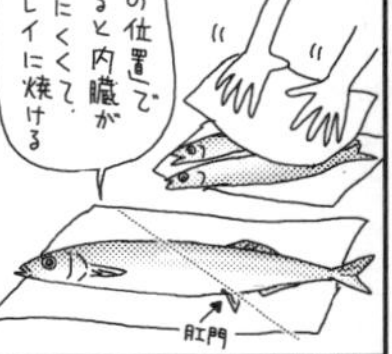

味がしっかり付くので、水気は必ずよくとっておこう
この位置で切ると内臓が出にくくてキレイに焼ける
肛門

皮全体に塩をしてから…

あらびきコショー焼き

たっぷりめにふりかける

柚子コショー焼き

柚子こしょう
柚子コショ

チューブ状のとびん詰めがある。どちらも皮全体にぬりつける。

七味唐辛子焼き

好みの量をふりかける

クレイジーソルト焼き

塩をやや控えめにまぶして、コレをたっぷりめにかけるとよい。

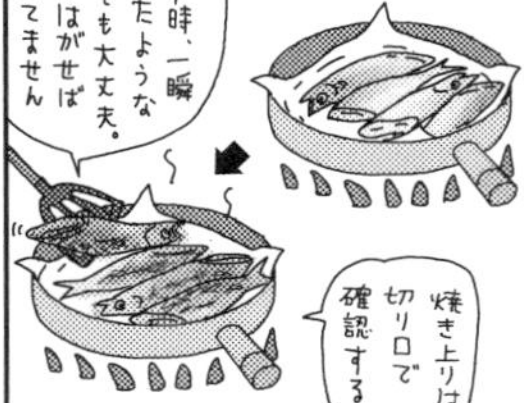

大丈夫!! 燃えません
裏返す時、一瞬くっついたような気がしても大丈夫。ゆっくりはがせばくっついてません
焼き上りは切り口で確認する

今回のポイント

●気軽に焼くサンマ塩焼き

秋の御馳走サンマの塩焼き。家で焼くときオススメなのがクッキングペーパー（熱に強く蒸気は通すが油は通さない）を敷いたフライパンで焼く方法。パリッと美味しく焼け、後片付けが感動的なほど簡単だ。焼いている途中でサンマから出た脂をキッチンペーパーでこまめに吸い取るとより美味しい。
また、この焼き方は魚や肉の焼きモノ全般に使えるので、焦げつきやすい味噌漬などの味付け済み肉や魚の干物などにもイイ。

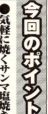

クッキングピープル
使えるカンタン料理コミック
膳の23
21年前――
田村真由美
当時10才
お母さん見て見てー！お風呂場にこんなものが
どしたのマミちゃん？
あらカニ？
どっから来たんだろうね
ぎゃっ
ピョン
わっ
だ、大丈夫お母さん？
……
……
……お母さんではない……
へ？
カニカニ星人なのだー
!?
カニカニカニカニ
お、お母さん？どうしちゃったの？？
カニカニカニカニ
カニカニカニカニ
キャー助けてー

あ、となりのおじいちゃん助けてっお母さんがっ
……
……となりのおじいちゃんではない…カニカニ星人なのだー
!?
カニカニ
カニカニ
キャー!
キャー
キャー!
キャーおまわりさん助けてー!!
おまわりさんではないカニカニ星人なのだー
!?
カニカニ
カニカニ
カニカニ
いやあ来ないでぇ
カニカニ星人に取り囲まれパニック状態になったその時……
少女の中でなにかが目覚めた
トオッ!
バキ
ドス
あ、あれ?あたしがやっつけたの?
うわっ?なにこの服??
うう…
何がどうなってんの?
なんかわからんがありがとうマミちゃん
悪者星人から街を守る愛と正義の美少女戦士マミちゃんの誕生であった

●蟹と卵と豆腐の丼

●材料（約2人分）

カニ缶…… 中1缶（約100g）
豆腐（絹） ………… 1／2丁
小松菜 …… 1株（4〜5本）
卵………………………2コ

おろし生姜………ひとかけ分
鶏がらスープの素 … 小さじ2

水……… 1カップ半(300cc)
片栗粉……………… 大さじ1
塩、ゴマ油 ………… 少々

ゴハン……………… 適量

高タンパク低カロリーで
カニの赤、卵の黄色、小松菜の緑、豆腐の白と色あいもキレイ
カニ缶はむき身入りの高級缶でも、フレーク状のお手軽缶でもOK
鶏ガラスープの素は固形チキンスープ一コに変えてもOK
トリガラスープの素

作り方

①鍋に水、鶏がらスープの素、おろし生姜と、カニ缶を汁ごと入れて火にかける。

②煮立ったら1㎝くらいに切った小松菜と適当な大きさに切った豆腐を入れる。

③再び煮立ったらいったん火を止め水溶き片栗粉を加え、かき混ぜてから再び火にかけトロミをつける。

④溶き卵を少しずつ回し入れふんわり固まったら味を見ながら塩を加えゴマ油少々をたらしてできあがり。白いゴハンにたっぷりかけてどうぞ。

おろし生姜はチューブのなら3cmくらい
軟骨があればとっておく
水溶き片栗粉とは片栗粉を同量の水で溶いたもの
いったん火を止めて落ち着いて混ぜるとダマになりにくい

今回のポイント

●カニ缶

高級素材とされるカニ缶。どうやって食べようか迷っているうち、棚の奥で眠らせている頂きモノのカニ缶があればこの丼！カニ缶があればアッという間に作れ、失敗もほとんどない。汁も使うので美味しいカニ缶を無駄なく食べきる充実感も味わえて、豆腐と卵と小松菜が入ることで、栄養バランスもボリューム感も◎なのだ。フレーク状のお手頃価格のカニ缶でも十分美味しくできるので、ぜひ試してみて欲しい。

膳の24
るーるるん るーるんるん
ん？
クッキングピープル
使えるカンタン料理コミック
あ 豚さんが 倒れている！
大丈夫ですか？ 豚さん？？
み、水を……
うわっ 豚さんが しゃべった!!
はい お水
はー
ありがとう かわいい お嬢さん おかげで 助かり ました
よかったー
あたし ナタリー！ あなたは？
わたしは エドモンド…… 実はわたしは 東の国の 王子なんです
へ 王子様？ なの？
一年前 悪い魔女に 呪いをかけられ こんな姿にされて しまったのです
へえー

父である王はこの呪いを解かせようと国中の賢者を集めさまざまな方法を試みたのですがどれも効果がなく…
わかったことは呪いを解く方法は自分の足で探すしかないということだけ
それからわたしはずっとこの姿のまま呪いを解く方法を探して世界中を旅しているんですがその旅の途中空腹のあまりここで行き倒れてしまったというわけなのです
ふーん
じゃあうちにおいでよ！ナタリーのパパはお料理がとっても上手なんだよ!!
おおそれはありがたい
るンるるんるんるるん
るンるるんるんるーん
ただいまー
バン
おそかったなナタリー
うん道で行き倒れていた豚さんを連れてきたのなんか作ってパパ！
こんにちはエドモンドです
おお豚かあ
いい豚だなあー
いいよね豚ー
え…え？？

●ゆで味噌豚

●材料（1個分）

豚肩ロース塊肉	1コ
ネギ	1/2本
生姜	ひとかけ
味噌	お玉1杯くらい
酒	お玉⅓杯くらい
おろしニンニク	小さじ1くらい

そのまま食べても焼いて食べても!!
残りは冷蔵庫で一週間ほど保存もできる！

豚塊肉は500g前後のもの部位は肩ロースがおススメだが、なければバラでもイケル
ネギは青いところ、生姜は皮ごとでよし。他にニンジンのシッポや白菜の外葉などがあれば入れとけ!!

作り方

①お鍋に豚肉、ぶつ切りネギ、つぶした生姜を入れたっぷりの水を注いで火にかける。

②沸騰したら火を弱め40～50分ほど煮る。

③厚手のポリ袋に味噌と酒とニンニクを入れ袋の上から揉んで混ぜておく。

④ゆであがった肉をポリ袋に入れ半日以上おいて出来上がり。

生姜は図のように包丁の腹に体重をのせてつぶす
フタはしない!!
ボコボコ沸とうさせないでゆでる
串をさしてみて透明の汁が出ればOK!! 血が出るならもう少しゆでる
ジップ付の袋が便利
モミ モミ
中の空気を抜きながら、豚肉に味噌がまんべんなくつくように袋の上から伸ばす
ネギと生姜は捨てる

★おススメ食べ方① あぶり焼き

厚めにスライスしてオーブントースターで約10分焼く。周りの味噌が香ばしく焼けたらOK。長ネギのせん切りを巻いたり、サニーレタスでくるんで食べる。

マヨネーズをつけてもイイ
鉄板にクッキングシートをしいて焼くといい

★おススメ食べ方② 味噌野菜炒め

太めの棒状に切り油少々で炒め、ぶつ切りの長ネギ、またはキャベツやピーマン+塩少々を加えてさらに炒める。

みそ豚を先に炒めてから野菜を加える

★このほか

スライスして味噌ラーメンのトッピングに…

細かく刻んでチャーハンや豚汁の具に…

今回のポイント

●ゆで豚のすすめ

塊肉と臭み消しの香味野菜（皮やシッポなど捨てるところでOK）を鍋に入れ、水を注いで茹でるだけ。味付けは茹でてからなので、漬かりすぎて辛くなる心配もなく、冷蔵庫で1週間は保存可能。味付けを袋の中ですれば調味料も少しですみ、器も汚れない。残ったゆで汁は一晩置くと脂が固まるので、それを取り除いてから温め、塩コショーで味を整えネギ、キノコ、豆腐、胡麻油少々を加えれば美味しい中華風スープにもなる。

膳の25
クッキングピープル
使えるカンタン料理コミック
お宝は本当に大丈夫でしょうな警部さん
もちろんです！この守りではさすがの怪盗ヌヌブヌブールでもどうすることもできますまいっ
もうすぐ犯行予告時刻だっ気を抜くなよ！
はいっ
バチン
わわっ
うおっ
ハーッハッハッハッハッ
パッ
で、出たな!! ヌブブヌヌール どこから入った!?
ヌヌブヌブールですよ磯山警部
ちなみにお宝はすでに頂戴しました
なにぃ
おい確認しろ！
大丈夫です警部！
お宝はまだここにあります！
い、いやもうすでにすり替えたのかもしれん詳しく調べろ!!
フフフ
すり替えてなんかいませんよ
わたしの今日のお目当ては…

冷蔵庫の野菜入れに眠っていたキャベツの葉3枚！キュウリ1本！大根の切れ端！
確かにいただきましたよ!!
ハーッハッハッハッ
な、なんと!!
くっそーー それだったかっ!! わしとしたことがっ!!
あ、あの〜警部さん…
あれなら別に盗まれても…
ん？
何をいってるんですか！たとえそれが野菜の切れ端であっても盗むという犯罪行為にかわりはないでしょうがっ!!
そ、そうですねっ
それではみなさんさようなら
まてっヌブヌブヌール!!!
バッ
ヌヌブヌブールですってば
逃がすな撃て撃て！
バキューン
くっそおおおぉぉ逃げ足の速いやつめえぇぇえぇぇ
お宝返せえぇぇぇぇヌルヌルーー!!
ヌヌブヌブールですよ警部さん

●寄せ野菜の即席浅漬け

●材料

キャベツ……4枚
キュウリ……1本
大根………5㎝
※野菜は適当にあるものでよい。
生姜……………ひとかけ
塩…………………約小さじ1

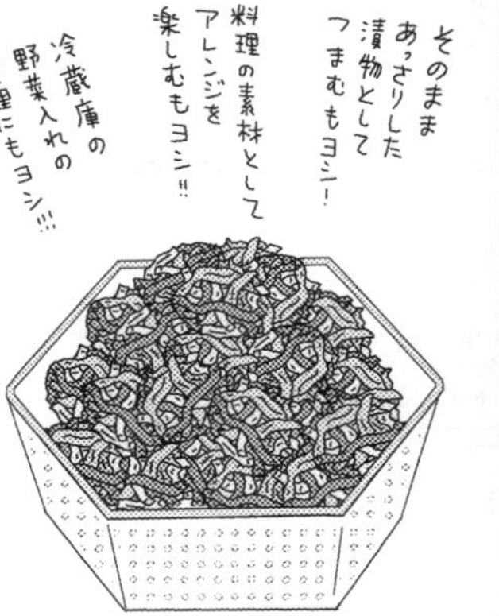

そのまま
あっさりした
漬物として
つまむもヨシ!
料理の素材として
アレンジを
楽しむもヨシ!!
冷蔵庫の
野菜入れの
整理にもヨシ!!!

生姜はアクセント役。青ジソなんかでもいいぞ!!
野菜はこの他白菜・ピーマン・カブ・ニンジン・水菜などがオススメだ!!

作り方

①野菜を全部せん切りにしてボールに入れ、塩を加えて手で軽く揉む。

②そのまま30分放置。

③水気を絞ってできあがり。

大根と生姜は皮をむいてからせん切りにする
丼に山盛1杯のせん切り野菜に塩小さじ1杯くらいが目安
しんなりして水が出てくる
すぐ食べない分は汁ごとタッパー等に入れて冷蔵庫へ。2、3日保存も可

アレンジもいろいろ…

◆昆布入り浅漬け

塩昆布か昆布の佃煮を適量混ぜる。

◆和風豆腐サラダ

豆腐に添えて、削り節・ゴマ油・ポン酢醤油をかける。

◆スパゲティサラダ

ゆでたスパゲティとハムのせん切りを加えマヨネーズであえる。

◆鮭ちらし寿司

すし飯に即席浅漬けと焼いた鮭をほぐしたのを混ぜ白ゴマ、いり卵、海苔を散らす。

すし飯は熱いごはんに寿司酢を混ぜてカンタンに!!

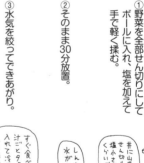

バタ
あ、お父さん帰ってんだ
あ、そう
…
お帰り
あら、なんか作ってんの？
冷蔵庫にあった野菜の残りで即席漬けを…
ふーん貧乏くさーい
ササッ
わたしとミカはお寿司食べてきたからあんたは適当に食べといてよ
そうか…
うまいのになコレ……
あ
ツー
弾かすってたか…
……もうオレもバカなことやってる歳じゃないのかもな
もぐもぐ

今回のポイント

●即席浅漬け

漬物が欲しいな…と思った時にサッと作れる即席漬け。シンプルな作り方でありながら、野菜のうまみが凝縮されて生とは違う美味しさだ。長期保存を目的としないので塩分も控えめでOK。塩の量は野菜の重量の1%～1.5%くらいでいいだろう。

かさが減って野菜がたくさん食べられるので、野菜補給メニューになるし、料理素材としても優秀。サラダやお寿司の他、各種和え物のベースに、スープの具になど、アレンジは無限大だ。

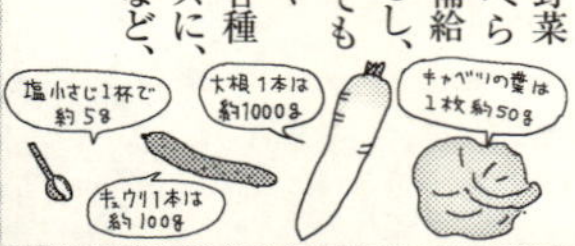
キャベツの葉は1枚約50g
大根1本は約1000g
塩小さじ1杯で約5g
キュウリ1本は約100g

膳の26
クッキングピープル
使えるカンタン料理コミック
ピンポーン
ただいまー
じいじー ばあばー なっちゃんだよー
あ 来た来た
いらっしゃい なっちゃん
おー よく来たなー
わっ お父さん なにそのカボチャ??
10月はほら カボチャのアレがあるだろ アレ
アレって? …ああ ハロウィン?
それそれ ハロうぃんや
じいじ きょうは なっちゃんと ハロうぃん するんだって はりきってるのよ～
ハロウィン ねえ…
きょうは じいじと ハロウィン なの?
そういえば ハロうぃんて そもそも なんなの?
んー 実はいまいち よくわかんない のよねえ ハロウィンって
かぼちゃの オバケの日!
秋田のナマハゲ みたいなもん??

まあ、よくはわからんけどもハロうぃんもやっとけば間違いないだろ！
家内安全
無病息災
い…いいけどねで、何やるの？ハロウィンって
…そうだなとりあえずカボチャ切るか
えいっ
ブスッ
あ、あれ
あ、包丁はまった？
みたいね
ぬうううぅ
プル
プル
カボチャ固いからね
切る前に電子レンジしとけばよかったね
とりゃっ
スポ
あ
ドスッ
シーーーン
………

●かぼちゃスープ

●材料（たっぷり4人分）

冷凍カボチャ……………………… 1袋
　（またはカボチャ1/3個・約500g）
固形スープ ……………………………1コ
水…………………………………約2カップ
牛乳………………………… 約2〜3カップ
小麦粉 ……………………… 大さじ2
バター…………………………… 2切れ
塩、コショー ……………………… 適量

大人も
こどもも
きっと大好き
かぼちゃスープ！

粒々感が
少し残った
ホームメイド
タイプです。

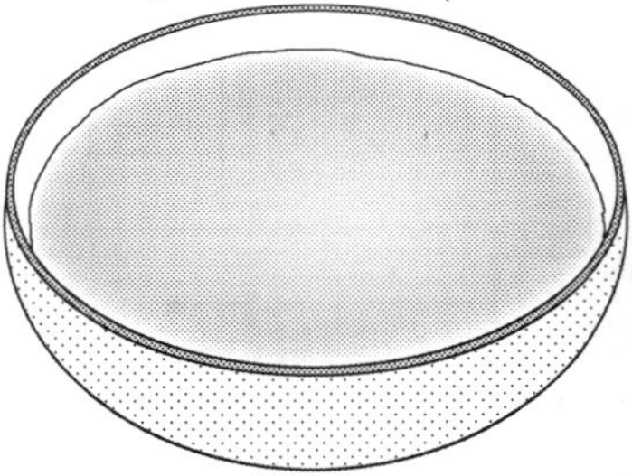

量が多いようなら
③の段階で
小分けにして
冷凍しとこう

牛乳を加えて
温めるだけで
おいしいスープが
いつでも飲めるぞ

作り方

①鍋に水と固形スープを入れて強火にかけ
沸騰したらカボチャを入れて煮る。

②水分が飛んでカボチャが煮崩れたら
火からおろし、木べらなどでつぶし
小麦粉とバターを混ぜる。

③弱火にかけて2〜3分
練る。

④牛乳を加えて混ぜながら温める。
とろみがついたら
塩、コショーでできあがり。

冷凍カボチャの場合は
凍ったまま皮ごと入れて煮、
鍋中で皮がはがれるので
箸でつまんで取り出す

生カボチャの場合は
電子レンジしてから
適当な大きさに切り分け
皮とワタをとって煮る

ここで小麦粉に
よく火を通して
やることで
粉っぽさが消え
シチューっぽい
とろみが出る

牛乳の量は
お好みで〜

今回のポイント

●カボチャ

粘膜や皮膚の抵抗力を高め生活習慣病やガン予防に効果ありといわれるβカロチンをはじめ、各種ビタミン、ミネラル、食物繊維などを含む健康野菜カボチャ。ねっとりした食感の日本カボチャと甘みが強くほっくりした西洋カボチャがあり、現在多く出回っているのは西洋カボチャで、純和風の煮物以外はコレでOK。完熟して固いものを選ぶとよいが、潰して使うスープなどには冷凍カボチャを使うというのもあり。

クッキングピープル
使えるカンタン料理コミック
膳の27
10月某日
北海道の某川辺
川の形状からみましてもこのあたりがベストポイントなのではと…
サラ
サラ
サラ
ほお
ここですか
では、第32回大自然を味わう会を始めましょう
ごそ
ごそ
ごそ
みなさん体はしっかりほぐしておきましょう
そうですね
いよいよ本番ですな
ポキ
ポキ
ポキ
ポキ
コキ
パキ
今夜は鮭パーティーですかな
ポキ
コキ
わくわくしますな
ポキ
コキ
あ、今回のフォーメーションはどれにしますか？大久保会長
あ、会長はやめてくださいよ吉沢さん
じゃあA改で
A改ですねA改はわたしはこうでしたな
わたしはこうですよね
バッチグーです吉沢さん田辺さん
フォーメーションA改
ではいきましょう
ジャバ
ジャバ

まず、3人で全体の勢いを止め、まん中のわたしがその状態をキープ
サラ
サラ
そして左右の我々がまわりこんで側面をつくという戦略ですな
完璧ですな
サラ
お、鮭が上がって来たみたいですよ
ゴォォォォォォォ
来ましたな
がんばりましょう
ゴォォォォォォォ…
ドドドドドドド
帰るのだ故郷の川へ…
故郷の川が待っている…
ぷかん
ぷかん

●甘塩鮭のムニエル風ベイクドポテト添え

●材料

- 鮭切り身（甘塩） ………… 1人1切れ
- コショー ………………………… 少々
- 小麦粉 ………………………… 適量
- ジャガイモ …………………… 1人1コ
- バター ………………………… 適量
- レモン汁 ……………………… 適量
- パセリみじん切り ……… あれば適量

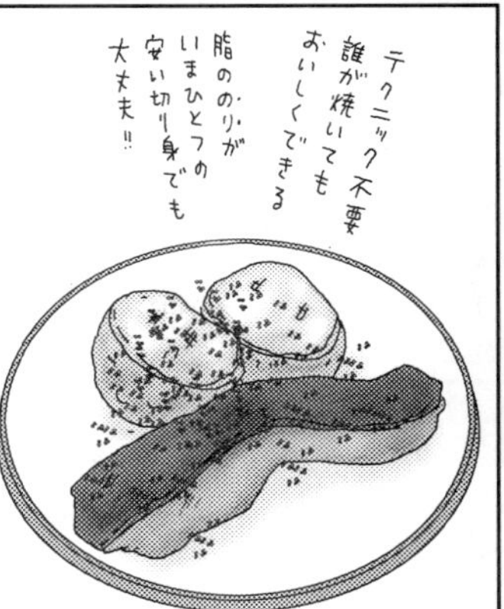
テクニック不要
誰が焼いても
おいしくできる
脂ののりが
いまひとつの
安い切り身でも
大丈夫!!

付けあわせの
ジャガイモは
ホクホク感のある
男爵系が
おすすめです
鮭の旨みを吸って
これがまたおいしく
焼けるんですよ〜

作り方

①ジャガイモは皮ごとラップにくるんで電子レンジで加熱。2つに切る。

②甘塩鮭はキッチンペーパーに挟んで表面の水気をとり、コショーをふって小麦粉を薄くまぶす。

③フライパンを中火にかけバターをとかし中央に鮭、空いたところにジャガイモを入れフタをして両面をじっくり焼く。

④レモン汁とパセリのみじん切りをふってできあがり。

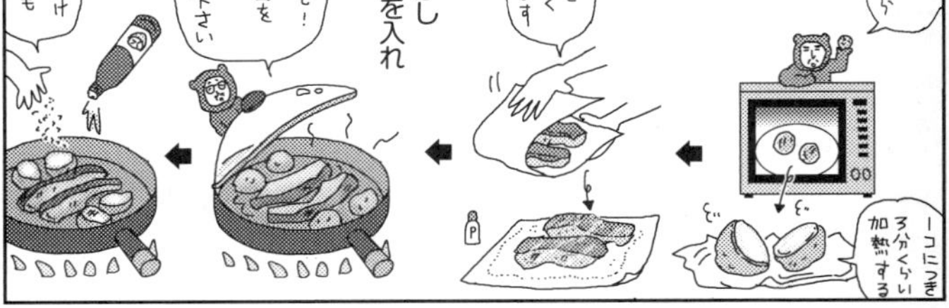
ジャガイモは
タワシ等で
よく洗ってから
一コにつき
3分くらい
加熱する
これをやっとくと
粉がはがれにくく
キレイに焼けます
P
なんども
ひっくり返さない
でくださいね〜
火加減は中火で!
ふたをして片面を
3、4分かけて
じっくり焼いて下さい
ジャガイモにだけ
軽く塩をふっても

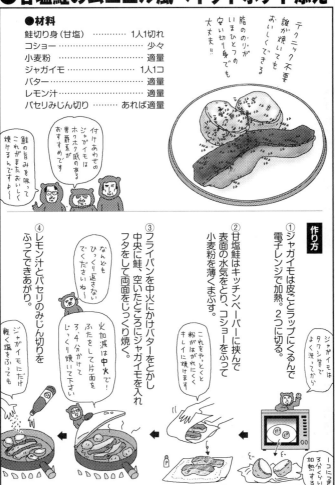

都内某マンション
ガチャン
あら、あなたもう帰ってたの
おかえり
お邪魔してます吉沢です
田辺です
ああ大自然はなんちゃらのお二人
北海道…でしたっけ？どうでした？
そうですね〜失敗ながらも得ることの多い旅でした
うんうん
君の分のムニエルもキッチンにあるからね
北海道産じゃなくて近所のスーパー産だけど
はーいありがとう
…で、会長 次回はいよいよアレですか？
アレ行きますかっ？
アレですよ
アレかあ〜
アレなんですね〜
アレ〜
…なんか楽しそ
あ、オイシィ

今回のポイント

●甘塩鮭の切り身

深い森の清流で生まれ、海で育ち、母なる川に戻って産卵して一生を終える鮭。1日に20kmも川を遡れる強力な筋肉を持ち、その赤い身に強力な抗酸化力のアスタキサンチンを豊富に含む。弁当や朝食におなじみの塩鮭の切り身はそんな鮭パワーを手軽にいただける便利素材だ。網焼きが定番だが、薄味の甘塩鮭なら小麦粉をまぶしムニエル風に焼くのもオススメ。少々脂乗りが劣る安い鮭もパサつかず美味しく仕上がるぞ。

ムニエルに使うフライパンはくっつかないタイプのがおすすめ
鉄のフライパンの時はバターの半分をふつうの油にするとよいです

クッキングピープル
使えるカンタン料理コミック
膳の28
やっと見つけたわよ～ 山の中の秘密工場！
やっぱり!! 白い粉の噂は本当だったのね
カシャ
カシャ
カシャ
カシャ
カシャ
何をしているんですか？ お嬢さん
ギクッ
あ、いえ
はっ
例のとこ入れとけ
ドーン
キャッ
しばらくそこに入っててください あなたの料理法はあとで考えます
ガン
ガン
ちょ、ちょっと待って!!
ここから出しなさーい!!
はっ
ぞくっ

警視庁麻薬取締局の大塚です
国際麻薬捜査官ビルです
毎朝新聞の佐川です
吉沢です
田辺です
わたしはルポライターの林田です
リンダと呼んで
ホッ…
リンダ君も白い粉のうわさを追ってココに？
ええ…せっかく写真撮影には成功したっていうのにカメラも没収されたし…
そうか…
あの〜〜〜
白い粉ってこれですかね？
ドン
あー
どこでそれを⁇
捕まる時にとっさにココに隠したら気づかれずに
メタボ腹がひょんなところで役に立ちましたな吉沢さん
すげー
これ末端価格いくらになるんだ⁉
どれどれ俺にみせてみろ
こ、これはうどん粉！
ええ⁉
うどん粉？？
まちがいない…
麻薬じゃないの？
麻薬ってなんのことですかな？
わたしはうどん粉一筋300年の越後屋当主越後屋信義です
え、それならどうしてわたしたちを監禁したの？
てっきりあなた方がうどん粉の秘伝の技法を盗みにきたのかと思いまして
なーんだ

●たっぷりキノコの味噌煮込みうどん

●材料

冷凍うどん	2玉	おろし生姜	ひとかけ分
エノキ	1袋	和風ダシの素	小さじ2
シメジ	1パック	味噌	約大さじ2
シイタケ	2枚	水	1リットル
ネギ	約10㎝	ゴマ油、塩、酒	適量
鶏肉	1/2枚		

お好みで七味唐辛子をふってどうぞ〜
土鍋で作ってドーンと出すのもイイ！

うどんは冷凍のほか、冷蔵のゆでうどん、乾めん、生めん等好きなのでどうぞ
おろし生姜はチューブのでもOK

作り方

①エノキ、シメジは根元を切り落とし適当にほぐす。シイタケは薄切り、鶏肉は小さめの一口に切る。ネギは斜め薄切りにしておく。

②鍋にゴマ油と塩ひとつまみを入れ火にかけキノコ類を入れて炒め、しんなりしたら酒をふりかけさらに炒める。

③水を注いで沸騰したら鶏肉を入れ2〜3分煮る。

④冷凍うどんを入れ、好みの加減まで煮込んだらダシの素、味を見ながら味噌を加えて溶かし最後におろし生姜とネギを加えできあがり。

キノコは好きなものでOK 2、3種類とりあわせるとイイ。
キノコは洗わないでイイ 水っぽくなっちゃうからね
エノキ
しいたけ
シメジ

少し焼き色がつくくらいにしっかり炒めると香ばしくてイイ
酒

鶏肉のかわりに鍋物用の鶏団子などもオススメ
アクをとる

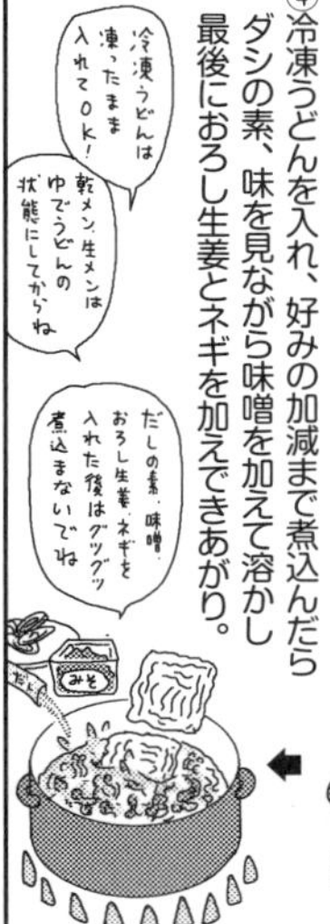
冷凍うどんは凍ったまま入れてOK！
乾メン、生メンはゆでうどんの状態にしてからね
だしの素、味噌、おろし生姜、ネギを入れた後はグツグツ煮込まないでね
みそ

なるほど たしかに おいしいわ このうどん
コシが違うでしょう?
ずるずる
あったまりますね
はふはふ
この季節はやっぱうどんですなあ〜
ぷはー
ずるずる
ごちそうさまー
それじゃ
え??
お、おい
なぜまた閉じ込めるんだ?
越後屋秘伝のうどん粉の製造現場を見て生きて帰れると思うなよ!!
出してー
出せー
ガン
ガン
うどん粉を舐めるなよ

今回のポイント

●うどん

鎌倉時代に禅宗とともに（一説には平安時代に空海によって）大陸より伝来、江戸時代初期にはすでに町に「うどん屋」があったらしい。また国産小麦のほとんどが麺類に最適な中力粉であることから小麦粉を「うどん粉」と呼ぶなど、日本人とうどんの絆は深い。様々な形態があるが一押しは凍ったまま汁に放り込めコシも強い冷凍うどん。柔らかめ好きなら冷蔵ゆでうどんで。こちらは湯でザッと洗ってから汁に入れよう。

干し
冷凍
冷蔵
生タイプ

膳の29
クッキングピープル
使えるカンタン料理コミック
畠山くん わが社の社運はこのプレゼンにかかってるといっても過言ではないんだ 大丈夫か？
はい 課長 この一週間ずっと徹夜でプレゼン内容を練り上げてきましたから！
ポン
そうか！じゃいくぞ!!
はい！
失礼いたします
役員会議室
ズラッ・・・
…うお…
えーこれよりわが社の新企画について企画部の畠山からご説明させていただきます
ゴクリ…
え、えっと出だしの挨拶は… …それからプロジェクターのスイッチ入れて…
お手元に資料は行きわたっておりますでしょうか？
ああ それから それから……
ドキドキ
それでは畠山くんどうぞ～

あ
おい どうした 畠山くん？
ザワ ザワ
…あ…
畠山くん？
ザワ ザワ
…あ…
……あた…
ザワ ザワ ザワ ザワ
頭の中が真っ白でーす
パカパーン
おい畠山!!
はっ
今日のプレゼン大丈夫か？
…ゆ、夢か…やな夢だったな…
はいっ 課長 このとおり徹夜で仕上げた企画書が…
あ、あれ??
ん？どれ？
そ、そんな…たしかにこのフォルダに保存を…
な、ない
ど、ど、どうした？畠山くん
わーい真っ白でーす課長〜
まっ白なのかー畠山くん
パカパーン

●かんたんホワイトシチュー

●材料（2人×2回分）

鶏モモ肉	1枚	小麦粉	大さじ2
タマネギ	1コ	バター	ひとかけ
ジャガイモ	2コ	固形スープ	1コ
エノキ	1袋	酒（あれば白ワイン）	適量
カリフラワー	小1/2コ	塩、コショー、油	適量
牛乳	800cc		

お鍋1コで作れます!
所要時間は約20分。ご飯炊いてる間に作れます!!

白にこだわりないのであれば、鶏モモ肉は豚モモ薄切り肉でも。
エノキはシメジやシイタケでも。カリフラワーはキャベツやブロッコリーでもいけます
カリフラワー（白）
ブロッコリー（緑）

作り方

①タマネギは薄切り、エノキは根元を切ってほぐす。ジャガイモは皮をむいて5㎜位の厚さに切る。鶏肉は小さめの一口に切り軽く塩、コショーする。

②鍋に油少々を引いて鶏肉、タマネギ、ジャガイモ、エノキを炒め全体が熱くなったら酒を適量ふりかけジャガイモに火が通るまで炒める。

③小麦粉を振り入れてもう2～3分炒める。

④牛乳と固形スープを加えて煮立ったら弱火にする。

⑤小さく切ったカリフラワーを加え柔らかくなったら味を見ながら塩、コショーし最後にバターを落としてできあがり。

材料は小さめ薄めに切るのがポイント!
ジャガイモは5㎜厚さでホックリ感もちゃんと出る
ジャガイモをひとつ食べてみて確認してみよう
ジャ～
酒
これがトロミの元となる
牛乳はボコボコ煮立たせないよう注意です
MILK
バターは風味UPに少しだけ使う

健康ポイント

◇より低カロリーを目指すなら…鶏モモ肉を鶏ムネ肉に変えて皮をはずす。牛乳を豆乳（成分無調整）にする。

◇より低塩分を目指すなら…気持ち薄味に味つけしてちょっと冷ましてから食べてみる（熱々は塩味を感じにくい）。

今回のポイント

●ホワイトシチュー

寒くなってくると出番が増える白いシチュー。体を温めるだけでなく、そのクリーミーなまろやかさで心まで和ませてくれる癒しメニューの代表だ。いろんな作り方があるが、このレシピは、高価格で高脂肪な生クリームは使わず、バターの使用量も最小限にとどめたヘルシー版。一つの鍋でできるので、すぐに作れて後片付けも簡単だ。材料を小さめに切って炒める段階で材料にほぼ火を通してしまうのがポイントだ。

クッキングピープル
使えるカンタン料理コミック
膳の30
来た♡
わたしの彼ははかない感じが魅力♡
あれ
えいえい
線が細すぎて自動ドアが反応しないこともしばしば
ステキ…♡
ごめんね遅くなっちゃって
ううん あたしも今きたところだよ♡♡
あ、ぼくコーヒー
いらっしゃいませ〜
あたしはオレンジジュース
一時間後
あのー僕のコーヒーは…
へ？コーヒー？頼まれましたっけ？
…というかお客さんいつからそこに？
ずっといたんですけど…
存在感なさすぎで注文したものがでてこないこともしょっちゅう
ステキ…♡
すっく
じゃあいこうか
うん
わく わく

あ…
立ち上がる時は毎回立ちくらむ
クラクラ
ヨロッ
ステキ…♡
大丈夫？わたし払っとくから先に外に出ててね
うんありがとう
フラフラ
あしまった
自動ドアは開かないんだったん
ビタン
あ…
鼻血を出せば…
あああああ
ガクガク
出血多量で危険なカンジがとってもステキ
キャー
…っとだいじょうぶ？
なんとか…
ハァハァ
…なんだけどさすがにちょっと弱すぎなので
こんな料理を作ってみたよ
今日はもう映画はやめておうちに帰ろう
今夜はわたしがご飯作ってあげる
うん
ハァハァ

●鶏レバーの生姜煮うずら卵入り

●材料

鶏レバー …………………………… 4コ
うずら卵水煮………………………… 8コ
生姜　……………………………… 1/2塊
醤油、酒、みりん、水
……………………すべてお玉1杯ずつ

10分煮るだけでできる
できたてもおいしいし、
冷めてもおいしい
生姜もおいしい

鶏レバーはこんな形で、心臓と肝臓がつながった状態で売られてます 一コが50g〜70gくらいです
うずら卵水煮は缶詰だったりパックだったりで売られてます
心臓 独特の歯ごたえがおいしい
肝臓

作り方

①生姜は皮をむいて薄切りにする。
鶏レバーは水でよく洗う。

②鍋に醤油、酒、みりん、水と生姜を入れて
強火にかけ、煮立ったら鶏レバーを入れる。

③そのまま強火で10分ほど煮る。
途中、煮汁が半分くらいになったあたりで
うずら卵水煮も入れる。

④煮汁がトロッとしたらできあがり。

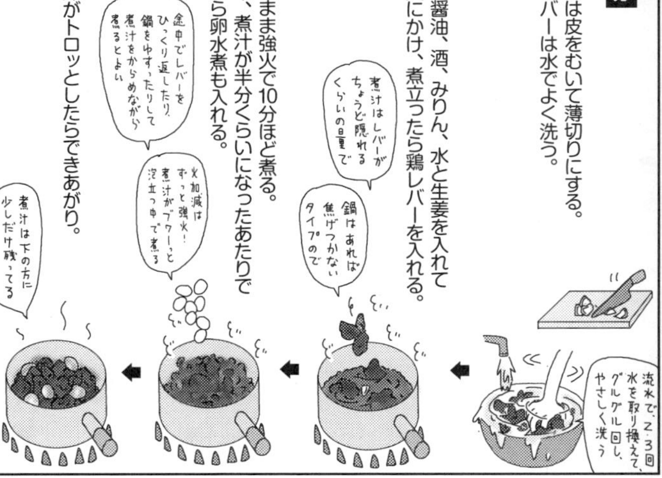

流水で2・3回水を取り換えて、グルグル回し、やさしく洗う
煮汁はレバーがちょうど隠れるくらいの量で
鍋はあれば焦げつかないタイプので
途中でレバーをひっくり返したり、鍋をゆすったりして煮汁をからめながら煮るとよい
火加減はずっと強火! 煮汁がブワーっと泡立つ中で煮る
煮汁は下の方に少しだけ残ってる

健康ポイント

◇より低カロリーに…ちょっとめんどくさいが、レバーについている脂を取り除く。
◇より低塩分に…器に盛るときに煮汁をかけない。

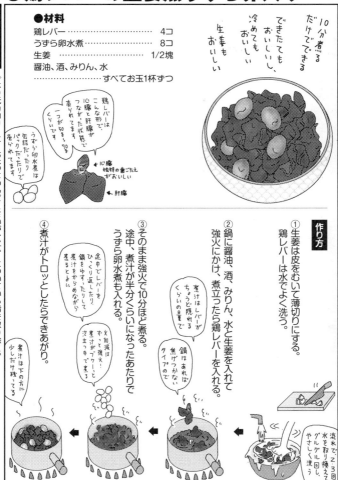

今回のポイント

●鶏レバー

良質のタンパク質と、ビタミンA・鉄分をはじめ各種ビタミン、ミネラルを豊富に含み、貧血のほか風邪予防、美肌、肝臓強化、視力回復に効果ありといわれるレバー。レバー料理初心者には癖が少なく扱いやすい鶏レバーがオススメだ。これを美味しく煮る一番のコツは、切らずに塊のまま煮ること。中まで煮汁が染みすぎずパサつかず、程よい味加減でしっとり仕上がる。まな板を汚さないので後片付けも楽ちんだ。

膳の31
クッキングピープル
使えるカンタン料理コミック
君が結婚前にどうしても来たかったところってココなんだね…
ええ
20年前わたしの父はこの海岸で高波にのまれ行方不明になってそれっきり…
でも、やっぱりパパにはちゃんと報告しておきたくて
そうだね
パパーわたしヨシオさんと幸せになりますー
お父さーんボクはミツコさんを幸せにしますー
ザッパーン
うおっ
きゃっ
な、なんなんだ?? 今の高波…
あ…
パパ!!
…ん…

だいじょうぶ？パパ
うう
へ？パパ？？
パ、パパ？…ってあんた誰？
娘のミツコよパパ
ミツコお？ミツコはまだ5歳だぞ
ちがうのパパ！
そうか…俺が波にもまれてる間に20年もたってたのか…
パチ パチ
今さっき波にさらわれたばっかりだと思ってたのにな
ってことはあの高波の渦の中に謎の磁場が発生したのか
…いや異次元への入り口か…
ブツ ブツ ブツ
ポイ ポイ
ブチ ブチ
それにしてもいろいろひっつかれちゃったわね
おうなんせ20年も海の中にいたわけだからなあ
あっお父さんこれ牡蠣《かき》ですよ、牡蠣!!
えっ、ホント？わたし牡蠣大好き♡
じゃあきょうは牡蠣で帰還祝いだな
ママもきっと喜ぶわあ

●牡蠣とエノキのスパゲティ

健康ポイント

◇より低カロリーを目指すなら…エノキの量を増やしてスパの量を減らす。

◇より低塩分を目指すなら…カキを洗う時に、塩ではなく大根おろしを使う。

●材料（2人分）

カキ（加熱用むき身）	200g
エノキ	1/2袋
ニンニク	ひとかけ
パセリ	3〜4枝
オリーブ油	大さじ1
酒（または白ワイン）	大さじ2
塩、コショー、レモン汁	適量
スパゲティ	好きなだけ

スパゲティ抜きで、フランスパンや白ワインの友とするのもオススメ!!

ニンニクとパセリはなるだけ生のもので!!
カキは加熱用で! 詳しくは次ページを見てね
加熱用

作り方

①カキは塩水で洗って水気をとる。ニンニクとパセリはみじん切りに、エノキは適当にほぐす。

パセリはたっぷりめ

②フライパンにオリーブ油、塩ひとつまみとニンニクを入れて中火にかけニンニクの香りがしてきたらエノキを加え強火にして炒める。

③エノキがしんなりしたらカキを加えてひと炒め、酒をふってもうひと炒めする。

④味をみながら塩、コショー、レモン汁、パセリのみじん切りを加え火を止める。ゆでたてのスパゲティとあえてできあがり。

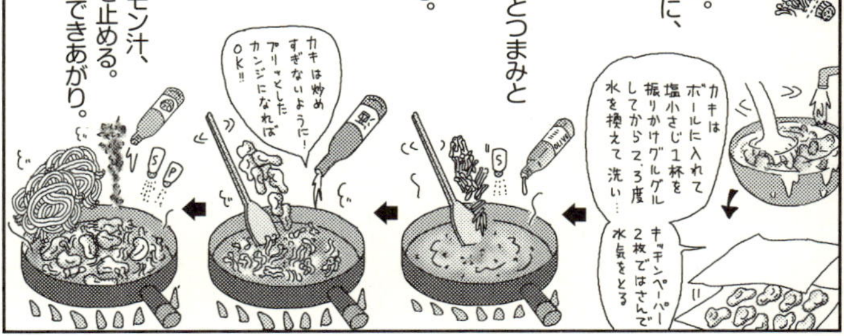

カキはボールに入れて塩小さじ1杯を振りかけグルグルしてから2,3度水を換えて洗い…
キッチンペーパー2枚ではさんで水気をとる
OLIVE
S
カキは炒めすぎないように! プリッとしたカンジになればOK!!
酒
S
P

今回のポイント

●牡蠣

「海のミルク」と呼ばれるほど栄養豊富なカキ。亜鉛、タウリン、グリコーゲンが豊富に含まれ、元気不足な人や、若さを保ちたい人には特におススメの食材だ。生食用と加熱用の2種類あるが、生食用は特に新鮮というワケではなく、水揚げ後2～3日の絶食と紫外線による殺菌が施されるため、痩せて水っぽくなりがち。一方、加熱用カキはすぐ出荷されるため、その分新鮮でうまみも濃い。加熱料理には加熱用カキと覚えよう。

クッキングピープル
使えるカンタン料理コミック
膳の32
だいじょうぶ パパ？
だいじょうぶだよ ただの風邪だから
ちょっと 寝てれば 元気になるさ
じゃあ なんかあったら 呼んでね
呼んでね パパ
ああ
トン…
ふう…
ん？
むくっ
？
な… …なな
もぞ もぞ
わわわ わ
もぞ もぞ

!?
ネギネギ
ネギネギ
……
……
ネギ！
わあああああああ
どうしたの
パパ？
だいじょうぶ
パパ？
スッ
ハァ
ハァ
い、今
ネギを持った
ばあさんが…
おばあさん？
…いるわけ
ないか……
やだぁ
パパったら
熱に浮かされて
なんか幻覚
みたんじゃ
ないの？
ケラ
ケラ
そ、そうかな…
もー
しっかりしてよぉ
ん？
ママ
コレ…
あら、なんで
こんなところに
ネギが

●焼きネギと厚揚げと豚肉の味噌炒め

●材料（2〜3人分）

ネギ	2本
豚薄切り肉	100g
厚揚げ	1枚
味噌	大さじ1
みりん	大さじ2
ゴマ油	少々
塩	少々

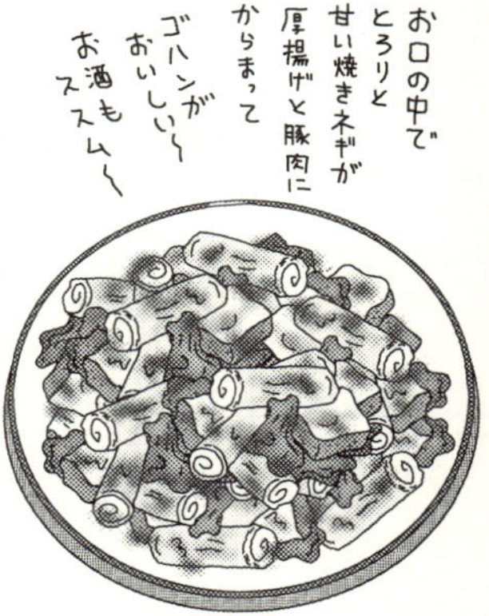
お口の中で とろりと 甘い焼きネギが 厚揚げと豚肉に からまって
ゴハンが おいしい〜 お酒も ススム〜

ネギは新聞紙にくるんでからポリ袋に入れ冷蔵庫にたてて保存すると新鮮さ長持ち
泥付きのネギなら庭やプランターの土に根元を埋めておけば更に長持ちじゃ〜

作り方

①ネギは5㎝くらいのぶつ切りにする。厚揚げは図のように切る。味噌とみりんを混ぜておく。

②フライパンにゴマ油を薄くひいて弱火にかけネギを表面に軽く焼き目がつく程度に焼き塩少々をふる。

③ネギを取り出し、強火にして厚揚げを両面焼く。

④厚揚げを取り出し、豚肉を炒める。

⑤豚肉に火が通ったらネギと厚揚げを戻して味噌みりんをかけ、強火で炒めできあがり。

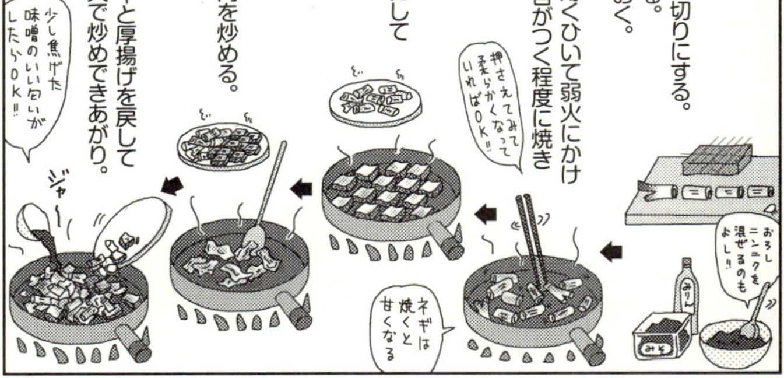
おろしニンニクを混ぜるのもよし!!
みりん
みそ
押さえてみて柔らかくなっていればOK!!
ネギは焼くと甘くなる
少し焦げた味噌のいい匂いがしたらOK!!
ジャ〜

健康ポイント

◇より低カロリーにするには……

厚揚げに熱湯をかけて油を抜いてから切る。豚肉を椎茸に変える。豚肉を炒めた時に出る油をキッチンペーパーでしっかり吸い取る。

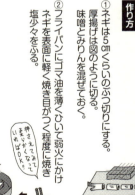

ネギ甘ーい
ぱくぱく
焼きネギは風邪にイイんだってー
田舎のおばあちゃんがよく言ってたのよね
へー
ごちそうさまー
おーなんか体温まってきたような気がする
でも、油断は禁物だからね
シュン君寝室行ってパパの上着持ってきて
すまんな
はーい
?
何コレ?
!?
シー
?
??
もぞもぞ

今回のポイント

●焼きネギ

「風邪にはネギを首に巻く」という、おばあちゃんの知恵は嘘ではない。長ネギ独特のツンとした風味は硫化アリルという揮発性成分で高いウイルス殺菌作用があり、風邪の初期症状に確かな効果があるのだ。体を温め免疫力UP作用もあり、風邪予防にもよい食材だ。風邪とともに旬を迎える冬のネギは柔らかく加熱すると甘みが増し美味しいが、丸ごと加熱の焼きネギは揮発性の有効成分も失われない冬イチオシメニューだ！

焼きネギにしょうゆやポン酢をかけるだけでもいいおつまみになる

膳の33
クッキングピープル
使えるカンタン料理コミック
不幸続きの女 川原幸子(28歳)にとってクリスマスはよけいに不幸が身に染みる時期である
ケーキでも買って帰ろかな…
でも、ケーキは一人で食べると余計さみしいしな…
Merry X'mas
トボ トボ
クリスマスなんてなければいいのに…
ん?
わわっ なんか来た!!
シャン
シャン
シャン
メリークリスマス!!
サ、サンタさん?
おやおやこれはまた不幸そうな娘さんじゃな
あんたにはとびっきりの幸せグッズをプレゼントじゃ
し、幸せグッズをプ、プレゼント?
指輪とかペンダントとか??

はい
幸せのボール＆
チェイン
それを
肌身離さず
付けるとよいぞ
ずっしり
へ
あんたの
不幸には
そのくらい
ないとなっ
きっとよく
似合うぞ
ドン
こ、これって
足に付けるヤツ
ですか？
囚人さんがよく
付けてる…
メリー
クリスマス
お、重い…
ゴロゴロ
もうすぐ
家だわ…
…でも
肌身離さずって
これ…明日から
どうすれば
いいのかしら…
ズルズル
あぁい
ビタン
ぐにょり
ガシャン
ううう…
………
ガシャン
ん？
今日の晩ご飯
いいの思いつい
ちゃった♡

●あらびきソーセージ入りミネストローネ

健康ポイント

◇より低カロリーに……野菜を油で炒めずいきなり煮る。

◇より低塩に……トマト缶の量を半分に、または生トマトに変える（あっさり味になる分、塩の量が抑えられる）。

●材料（ひと鍋分）

あらびきソーセージ	1袋
タマネギ	1コ
セロリ	1／2本
大根	5㎝
エノキ	1袋
ジャガイモ	1コ
スパゲティ	10本
トマト水煮缶	1缶（400g）
固形チキンスープ	2コ
オリーブ油	適量
バジル、オレガノ	あれば少々
塩、コショー	少々
おろしニンニク	少々
パセリ	3～4枝

今日も明日もおいしいので多めに作るのがオススメ!!

タマネギとトマト以外の野菜は適当で。この他、キャベツ、しいたけ、ニンジン、豆類もよくって
分量も一応書いたけど適当でいいと思います

作り方

①タマネギ、セロリ、パセリはみじん切り。大根、ジャガイモは5㎜くらいの厚さに切る。エノキは根元を落として1㎝くらいに切る。

②鍋にオリーブ油とおろしニンニクを入れて火にかけ、ニンニクの香りがしたらパセリ以外の野菜を加えてよく炒める。

③トマト水煮缶とその2倍の量の水、固形チキンスープを加える。

④煮立ったら、短く折ったスパゲティとあらびきソーセージを加えスパゲティが柔らかくなるまで煮る。
※あればバジルやオレガノもここで加える。

⑤味を見ながら塩、コショーをしパセリみじん切りをたっぷりとオリーブ油少々を加えて火を止める。

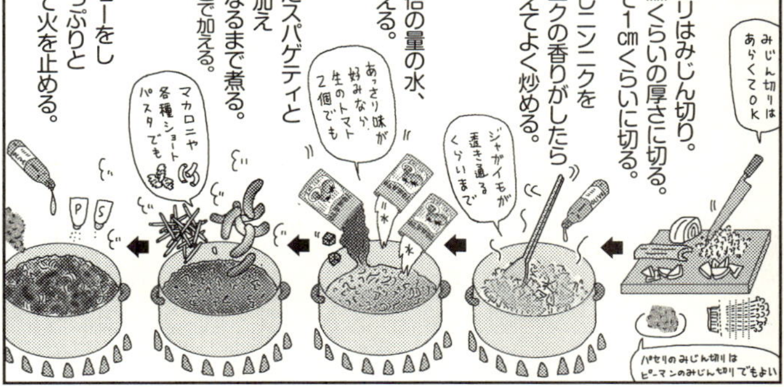
みじん切りはあらくてOK
ジャガイモが透き通るくらいまで
あっさり味が好みなら生のトマト2個でも
マカロニや各種ショートパスタでも
パセリのみじん切りはピーマンのみじん切りでもよい

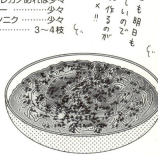

わあーい
冷蔵庫の残りもので
なんだかクリスマス
っぽいスープが〜
サンタさんがくれた
ボール&チェイン…
見た目はちょっと
ひどいけど
ステキなひらめきを
もたらしてくれる
本物の幸せグッズ
なのかもね…
ありがとう
サンタさん
メリー
クリスマス…
きゃっ
言っちゃった
はぁおいし〜
暖まる〜
ちょっと
幸せ…♡
メリー
クリスマス
幸子
つづく

今回のポイント

●ミネストローネ

イタリア語で『ごちゃ混ぜ』『具沢山』といった意味のミネストローネ。様々な野菜の旨みが溶けたスープは美味しくとても体にもよく、『命の洗濯スープ』の別名もあるほどだ。出来立てもよいが翌日は味がなじんでさらに美味しいので、多めにできても大丈夫。野菜の種類や量も適当でよいので冷蔵庫の掃除をかねて気軽に作ろう。パンの友に、ご飯にかけイタリアン雑炊に、スパゲティにかけスープスパにと食べ方もいろいろだ。

翌日、残ったものを
ミキサーにかけて
ポタージュスープ風も
おすすめ〜

膳の34
クッキングピープル
使えるカンタン料理コミック
20××年12月29日
突如として
巨大隕石が地球に接近
人類は滅亡の危機に
直面した
あるものは
パニックに
陥《おちい》り…
わあああああ
ギャー
ギャー
あるものは
神に祈り…
おお神よ
助けたまええええええ
あるものは
愛するものと
過ごし…
世界の終わりに
君といられる
ボクは幸せだぁ
わたしも
あるものは
ひたすら
歯を磨いた…
もうダメだ…
みんな死ぬんだ…
大統領…
そろそろ
何か声明を…
NASA
シャカ
シャカ
そしてまた
あるものは…
どうしましょう？
お父さん
どうするったって
今更あわてても
しょうがないだろう
そうだけど…

お
そうだ
あれ煮よう
あれ
あれって？
ほら、正月用に
買ってあった
だろう
黒豆の乾いた
ヤツ！
あれ
煮ようや
へ？
黒豆煮るん
ですか？
今？？
でも、黒豆
煮るのって
できあがるまで
3日かかりますよ
できた時には
もう地球は
滅びてるかも
しれないじゃん
パパ
んー
いや
だからこそ今
時間をかけて
ゆっくり黒豆
煮るのも
いいんじゃ
ないかと
うーん
そういうもん？
よくわかんない
ないね
まあ
いいじゃないか
煮ようや
煮ようや
黒豆煮ようや

●黒豆

ふっくら柔らか
やさしい甘さで
煮汁も飲める
タイプの黒豆

時間はかかるが
手間はかからず〜

●材料

黒豆(乾燥)	1袋(200g)
きび砂糖	山盛り1カップ(130〜150gくらい)
醤油	大さじ1
水	6カップ

高級な丹波産黒豆も、お手軽な北海道産黒豆もどちらもおいしくできるぞ
きび砂糖
きび砂糖というのはミネラル分豊富な自然派砂糖で、穏やかな甘みが特徴だ。近所のスーパーに売っているが、なければ普通の砂糖でもOKだ!

作り方

①鍋に水と砂糖と醤油を火にかけ沸騰したら洗った黒豆を入れる。

②すぐに火を止め蓋をしてそのまま一晩おく。

③翌日漬け汁のまま火にかけ煮立ったら弱火にしてアクを取る。

④超弱火で8時間〜10時間くらい(モノによってはそれ以上)指で軽くつまんで潰れるぐらいに豆が柔らかくなるまで煮る。

⑤そのまままう一晩放置して味をしみ込ませてできあがり。

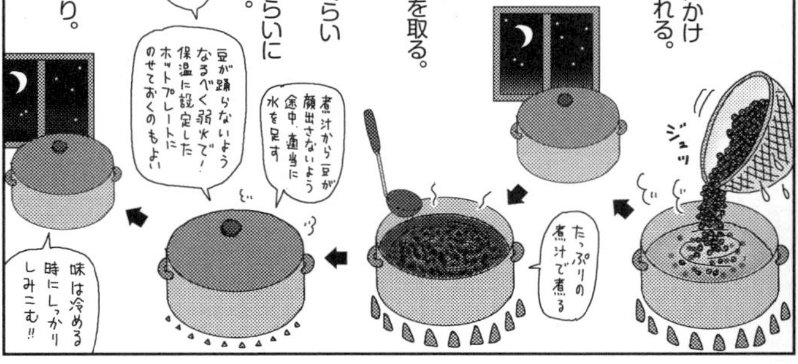

ジュッ
たっぷりの煮汁で煮る
煮汁から豆が顔出さないよう途中、適当に水を足す
豆が踊らないようなるべく弱火で!保温に設定したホットプレートにのせておくのもよい
途中で外出するなら火を消して また後で再開すればよい
味は冷める時にしっかりしみこむ!!

今回のポイント

●黒豆

おせちの定番黒豆は、来年一年を〝まめ〟(=健康)に過ごせるようにとの願いがこめられている。実際、黒大豆の皮には強力な抗酸化物質アントシアニンが含まれ、体内の活性酸素を抑制、血流改善、脂肪吸収を防ぎ体にいいのは間違いない。黒い煮汁にアントシアニンが溶け出しているので煮汁をサラッと飲めるくらいに仕上げるのがオススメ。時間はかかるが手間はかからないので、来年の家族の健康を願いつつ気長に煮よう。

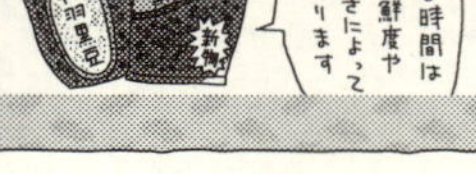
煮る時間は豆の鮮度や大きさによって変わります

膳の35
クッキングピープル
使えるカンタン料理コミック
こっくり
こっくり
コンコン
失礼します
社長
そろそろ社内巡回のお時間です
お
そうか
みんな忙しそうだな
年末ですから
数時間後
失礼します
社長
こっくり
こっくり
そろそろ重役会議のお時間です
社長
お
そうか

今日の会議は盛り上がってるなー
ええ年末ですから
そうかそうか
こっくり
こっくり
社長社長
ほえ
5時でございます社長
おおもうそんな時間か
会議は終わったの？
はい滞りなく
そうかそうか
そろそろ退社の時間でございます社長
うむ
みんなはまだ忙しそうだな
忘年会シーズンですから
そっちはどう？終わりそう？
そうかそうか
あら、あなた何やってるんですか
お粥を煮ているのだよ
夕飯はコレにするから
お粥ですか
ふう…
この時期はなにかと胃に負担がかかることが多くてね

●帆立のお粥

●材料（2人分）

米	1カップ	生姜みじん切り	1片分
水	5カップ	醤油	大さじ1
ゆで帆立	4コ	塩、砂糖	ひとつまみ
かいわれ大根	1/2パック	ゴマ油	少々
ネギみじん切り	5cm分		

七草がゆの時期なら
かいわれ大根のかわりに使うのもオススメ！

米の5倍の量の水で作るのを「全がゆ」といい、これを基本に水の量を増減し好みの固さにする。
ちなみに中華料理のトロトロのおかゆは「5分かゆ」くらいで水の量は米の10倍程度らしい。

作り方

①土鍋に洗った米、水、ゆで帆立を入れて強火にかける。

②煮立ったら中~弱火にしてひと混ぜして、その後は30~40分ほどコトコト煮る。

③途中で帆立を取り出し小さく刻みネギ、生姜、醤油、塩、砂糖、ゴマ油と混ぜて帆立ダレを作る。

④熱々のおかゆに塩少々を混ぜて器に盛りかいわれ大根と帆立ダレをのせる。

土鍋で作るとよりおいしい

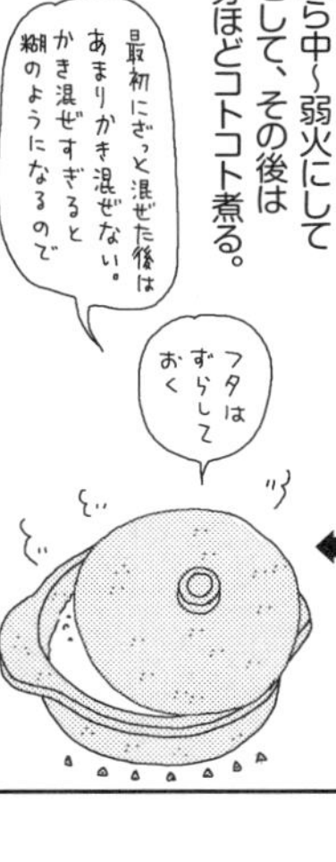
最初にざっと混ぜた後はあまりかき混ぜない。かき混ぜすぎると糊のようになるので
フタはずらしておく

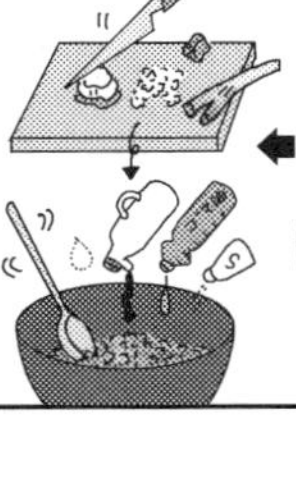

この不景気に奇跡の急成長!!
笑顔の社長
……
これってわが社のこと?
はい
わが社はなんで急成長しとるのかね?
もちろん社長のおかげでございます
そうかそうか
社長室
そっ…
こっくりこっくり
社長

今回のポイント

●お粥

病気の時だけでなく、体が少し疲れている時にも食べたいお粥。熱々をふぅふぅしながらゆっくり食べるので満腹中枢が十分働き、たっぷり水分を含むため米の量が少なくてもお腹は満足。ダイエット中の人にもいい。米から丁寧に煮たお粥は、健康な人でも十分満足できる美味しさだ。米粒を潰さずふっくらと煮るのがポイントで、土鍋など厚手の鍋で蓋をずらし、中弱火であまりかき回さずに静かに煮て、出来立てをいただこう!

最後に卵を落として半熟卵入りにするのもオススメ!!

膳の36
クッキングピープル
使えるカンタン料理コミック
某幼稚園さくら組
ぎん ぎん
ぎら ぎら
はっ ほっ
はい いち、に、さん、しっ 元気よくね〜
パンパン
パン
パン
じゃあ お遊戯は おしまいに しましょう〜
ふう…
はーい
やっぱり 体を動かして 汗をかくのは いいですな 先生
そうね けんぞう君
ぷ〜ん
うわっ あぶらくさい…
せんせい けんぞう君は なんか おじいちゃんの 匂いがするんだよ
そういえば けんぞう君て うちの おじいちゃんに なんか似てる んだよねー
はっ はっ はっ はっ
なっちゃんには かなわないなあ
じゃあ お昼ごはんまで 折り紙しよっかー
折り紙したい子は 先生のところに 集まってー
はっ
わーい
わーい
わーい
ドカ
ドカ

ギク
ぴとっ
なんだろう この違和感…
スリスリ
さわ
さわ
でも、どんなに オヤジっぽくても けんぞう君も 普通の園児よ…
差別しちゃ ダメダメ
じゃあみんな 好きなもの 折ってみてね
みんな 何を折って いるのかな
なっちゃんは つるー
ぼくは かぶと ー
ん？ けんぞう君 それはなに？
紙蒸しです
紙蒸し？
ペリペリ
まず ここをこう 折ります
ふんふん
広げます
ふんふん
で、真ん中に 材料をのせます
？？？？？
こうやって 包んで 電子レンジに 3分かければ…
せんせい けんぞう君の かばん、なんか 生臭いです
……
折り紙を しながらに 今日のお弁当が できるわけです
にっ
はーい お弁当の時間 ですよ
おかたづけ しましょー
わーい
…あの、先生 電子レンジを お借りできま せんでしょうか…

●魚の紙包み蒸し

●材料

魚の切り身
（生タラ、生鮭、金目鯛など）
…………………………………… 人数分
ニンニク …………………… ひとかけ
ネギ、エノキ、シイタケ
………………………… それぞれ適量
オリーブ油、ポン酢醤油 ……… 適量
酒、塩、コショー………………… 少々

●必要な道具
クッキングシート

かんたんでヘルシーなうえ、後片づけもラクラク〜

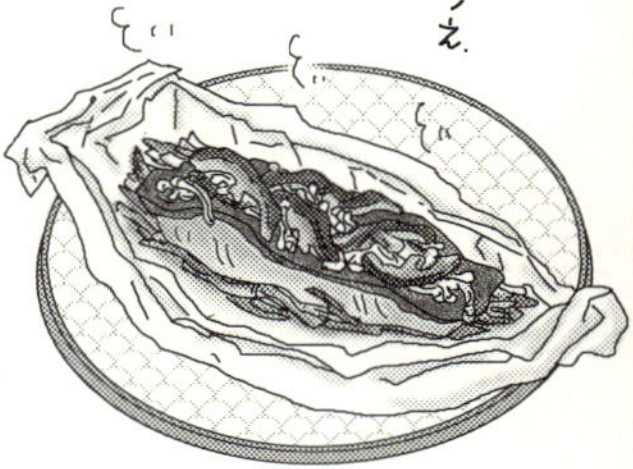

●クッキングシート
熱に強くて蒸気は通すが
液体や油は通さない
料理用ペーパー

クッキングシート

作り方

① 魚の切り身に塩、コショーを軽く振り片面におろしニンニクを少しぬって酒少々をふりかける。

S
P
酒
ニンニク

② ネギはせん切り、シイタケは薄切り、エノキはほぐす。

③ クッキングシートを30㎝くらいに切り中央にネギ、魚、シイタケ、エノキの順に置き図のようにくるむ。

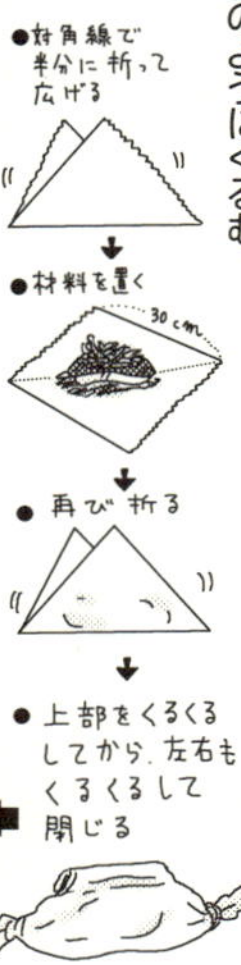
●対角線で半分に折って広げる
●材料を置く
30cm
●再び折る
●上部をくるくるしてから、左右もくるくるして閉じる

④ 皿に乗せ、電子レンジで1人分につき約3分ほど加熱する。

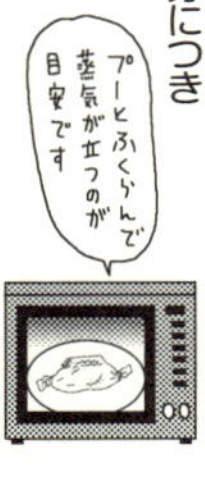
プーとふくらんで蒸気が立つのが目安です

⑤ オリーブ油少々をたらしてできあがり。ポン酢醤油をかけてどうぞ。

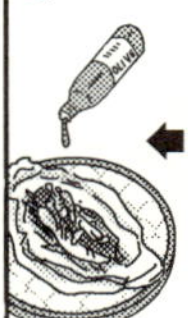

シンプルに、レモン醤油もいい
マヨネーズつけるのもいい

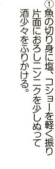

今回のポイント

●紙包み蒸し

ヘルシーだけど調理が難しそうと思われがちな蒸し料理だが、材料を紙（クッキングシート）で包んで電子レンジ加熱するこの紙包み蒸しは違う。紙は適度に蒸気を通すので熱のアタリが柔らかく、パサつきがちな電子レンジ加熱でも、失敗少なく美味しくできるのだ。簡単なわりにどことなく上品で、低カロリーに仕上がるのも嬉しい。材料は鍋に入るようなものならだいたいOK。魚、魚介類、肉や豆腐、卵など応用は無限大！

膳の37
クッキングピープル
使えるカンタン料理コミック
東西銀行
BANK
西川ー 人質を解放して おとなしく 出て来なさーい!
うるせーー!!
バン
デ、デカ長ー!
大丈夫ですか デカ長!
大丈夫だ かすり傷だ
うう…
デカ長! 犯人のお母さんが 到着しました
へ?
思いっ切り当たってるけど…
お 来たか
すっく
おーい 西川 お母さんが 来てくれたぞ
まさのり 母さんだよ お腹へって ないかい? おまえの好きな オムレツを 作ってきたよ
お、おふくろ…
よし おふくろに 持って こさせろ!!
じゃあ今から お母さんと わたしで オムレツを 届けにいく 丸腰で行くから 早まったことを するんじゃないぞ
わかった!

撃つなよ
撃つなよ
お、おい
おふくろを
盾にすんな
さあ
オムレツよ
まさのり
う
チャ
…お前
おふくろじゃ
ねえな!!
ギク
くそっ
なんで
わかった?
…ふっ
俺のおふくろは
すげえ不器用でな
うちの
オムレツは
いつも
オープン
なんだよ!!
オープン?
デカ長ー
本当のお母さんが
到着しましたー
お
バン
まさのり〜
お前の好きな
オープン
オムレツだよ〜
おお
本物の
おふくろだ!

●椎茸と春菊の和風オープンオムレツ

●材料（フライパン1個分）

椎茸 ………………………… 4〜8コ
春菊 …………………………1／2束
卵……………………………… 4コ
オリーブ油 …………………… 適量
ポン酢醤油 ………………… 適量
塩、コショー ……………… 少々

肉厚の椎茸の食感とほろ苦い春菊の風味を楽しもう〜
ごはんによく合うお手軽オムレツ！

椎茸は肉厚のものを使うとおいしい!!

作り方

①椎茸は4つ割り、または2〜3㎝角くらいに切る。
春菊は5㎝くらいに切る。
卵は軽く溶きほぐし塩、コショーする。

②フライパンにオリーブ油をひき
椎茸と春菊を炒め、塩、コショー、
ポン酢醤油で味をつけ取り出す。

③フライパンをキレイにしてから
オリーブ油をひいて中火にかけ
溶き卵を半量入れて
炒めた椎茸と春菊を全体に散らす。

④周りが固まってきたら、残りの卵を加え
蓋をして弱火で3〜4分焼く。
卵が程良く固まったらできあがり。

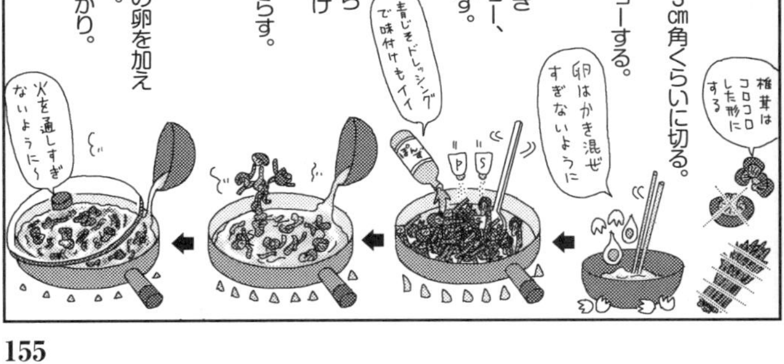

椎茸はコロコロした形にする
卵はかき混ぜすぎないように
青じそドレッシングで味付けもイイ
火を通しすぎないように〜

うめー やっぱおふくろのオムレツが一番だよな〜
ぱく ぱく
…おまえがおふくろさん思いなのはよくわかったよ
じゃ、オムレツ食い終わったらおとなしく自首してもらおうか
けっ 誰が自首なんかこっちには人質が…
俺はわかったんだよ西川…おふくろ思いのお前を自首させるには…
え？
こうすればいいってな
な、なに考えてんだてめえ!!
キャ
いいのかな〜西川〜おふくろさんの頭がオープンオムレツになっても〜
がははは
くうううううう
まさのり〜
キタネー
ヒデー
ぐりぐり
じ、自首します
賢明だな
あいつほんとに刑事？
さー？？

今回のポイント

●オープンオムレツ

オムレツは卵を溶いて焼くだけのシンプル料理ながら、上手に焼ければ一人前の料理人といわれるほど、実は結構難しい。卵をほどよい半熟に保ちつつフライパンの淵を使って形よく仕上げていくのは、料理初心者や不器用さんには正直無理なので、その場合はこちらのオープンオムレツをおススメする。何にでも相性のよい卵だから中の具の取り合わせは自由自在。あり合わせのもので、ドーンと一品できるのも魅力的。

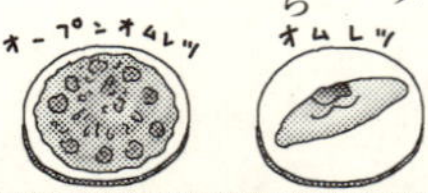
オムレツ
オープンオムレツ

クッキングピープル
使えるカンタン料理コミック
膳の38
ジャーーーン
ワー
さすが
天才ピアニスト
小山田修平！
インスピレーション
の赴くまま奏でられた
その旋律に会場は
われんばかりの
拍手喝采に
つつまれています！
パチ
ワー
拍手喝采…
拍手喝采…
はく…
…さい…
ピキーン
くわっ
ただいまー
おかえりなさい
あなた

どうでした
今日の
コンサート
もちろん
今日も
大成功だ
あなたって…
コンサートが
大成功のあとは
いつも白菜
買って帰って
くるけど…
まさかそれって
拍手喝采から
白菜を…?
ぎく
ち、
ちがうぞ!
わたしは
天才だぞ!!
そんな
くだらん
発想する
わけない
だろ!!
そ、そう
ですわね
数日後
本日はゲストの
天才ピアニスト
小山田修平さんの
奥様に
コンサートの夜に
よく作るという
おいしい白菜の
お鍋を教えて
いただきま～す
NKK
今夜のおかず
とっても簡単
だそうですので
みなさんの
ご家庭でも
ぜひお試し
ください!
うちの主人
コンサートの
あった日は
なぜかいつも
白菜買って
帰ってきま
してねえ…
へっ
あの天才が
白菜買って
くるんですか?
ザク
ザク
ええ
演奏が終わって
拍手喝采を
浴びていると
なんだか
白菜が食べたく
なるみたいな…
えぇっ
拍手喝采で
白菜???
ドサ
ドサ
あの天才が
まさかそんな
幼稚な???
それはない
ですよねえ
ないですか
ねえ
NKK
今夜のおかず
プル
プル

●白菜団子汁

健康ポイント

◇より低カロリーに…
豚ひき肉を豚赤身ひき肉にする。
完成後、一晩おくと翌朝に脂が固まって浮いているのでそれを取り除く。

●材料（3〜4人分）

《肉団子》
ひき肉（鶏か豚）　200g
卵……………………… 1コ
片栗粉、水 … 各大さじ1
おろし生姜…ひとかけ分
塩………… 小さじ1／2

《スープ》
固形チキンスープ … 1コ
（顆粒なら1本）
水……………… 5カップ
酒、醤油 …… 各大さじ2
塩、コショー、ゴマ油…少々

《具》
白菜……………… 1／4
エノキ …………… 1袋

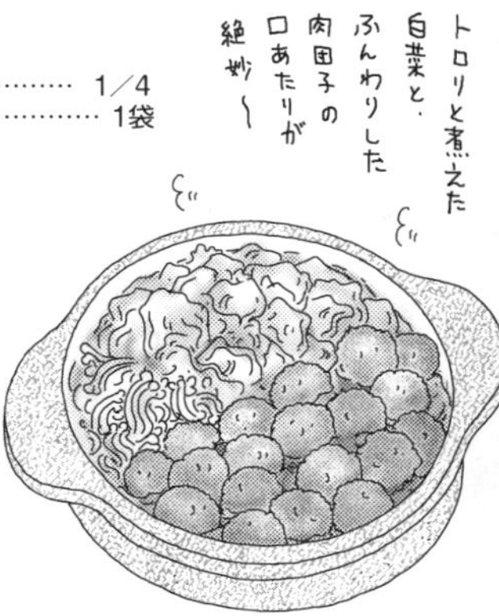

トロリと煮えた白菜と、ふんわりした肉団子の口あたりが絶妙〜

具はこの他、ネギ、薄切りの大根、春雨、絹豆腐などを足してもよいです〜

作り方

①鍋に水、スープの素、酒、醤油を入れて強火にかける。
ボールに肉団子の材料を入れてよく混ぜる。

②スープが煮立ったら団子を丸めながら次々と落としていく。

③団子が浮き上がったら、アクをとり適当に切った白菜、エノキを入れてふたをしてしばらく煮る。

④白菜が柔らかくなったら味を見ながら塩、コショーを加えてゴマ油をたらしてできあがり。

肉団子の材料に水を少し加えるとふわっとした口あたりになる
手は水でぬらしてから丸めるとよい
白菜で鍋いっぱいになっても大丈夫!!
ふたをして蒸し煮することで白菜がトロッと柔らかに煮える
そのままでおいしい塩加減にするもヨシ!
塩加減薄味にして、各自でポン酢しょうゆを足して食べるもイイ
酒
S
P
ゴマ油

ジャーーン
ワーー
はっ
今、白菜連想してんのかな…
今夜も白菜団子汁なのかな
拍手喝采白菜…プッ
今、頭の中白菜でいっぱいだな
白菜白菜
わくわく
パチパチ
ひ〜ん
ブラボー
ワー

今回のポイント

●白菜

鍋物の影の主役白菜の旬は秋から冬。寒さによって繊維が柔らかくなり糖分も増し甘く美味しくなる。また、白菜に含まれるビタミンCやカリウムなどの栄養素は水に溶けやすいので、これを効果的に摂取するにも、鍋物や汁物に白菜を使うのは理に適っている。選ぶ時は、手に持ってずっしり重量感があり葉先が縮れ巻きがしっかりしているものを。カット白菜は、カット面が平らで芯のまわりが膨らんでいないものが新鮮な証だ。

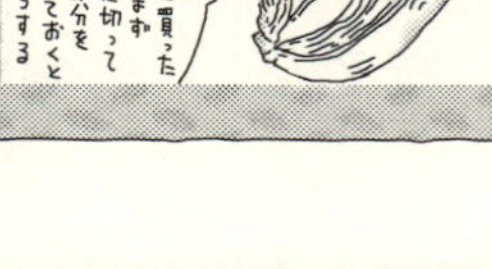
ココ
丸ごと買った時も、まず半分に切ってこの部分をはずしておくと長持ちする

膳の39
クッキングピープル
使えるカンタン料理コミック
ブォオオォオォ
2月×日
オホーツク海某沿岸
吹雪いてきましたなぁ
いよいよですなぁ
わくわくしますなぁ
ザザーン
ザパーン
ザパーン
お
来た！
来ましたな！
ぐい
おお
これはまさしく今回の目的雪の魚と書いて鱈ですな
ピチ
ピチ
やりましたな大久保さん
大自然を味わう会初の快挙ですな
そうですな
ん？
おや？
プスン
プスン

突然ですがエンジンが止まっちゃったようです
なんと!!
これは一大事ですな
われわれはどうなってしまうんでしょうな
あ、あれはなんでしょうな?
ザッパーン
岩ですな
岩ですね
一直線ですなぁ
ぐわっしゃん
うわーい
わーい
南欧のリゾートですなぁ
しかしこれはいったいどういうことなんでしょうな
我々はたしか真冬の荒れた海で鱈をとっていたような…
ええそれが証拠に…
わかった!これはアレですな岩にぶつかった衝撃で時空を超えたということですな!
なるほど!!
そうですな
やりましたな
大自然を味わう会ついに時空を超えましたな

●鱈の南欧風カレー

●材料（2人分）

生タラ切り身……… 2切れ
（甘塩タラでもOK）
トマト水煮缶 ……… 1/2缶
タマネギ…………… 1/2コ
ジャガイモ …………… 1コ
ローリエ ……… あれば1枚
固形チキンスープ …… 1コ
（顆粒のなら1本）
カレー粉………… 小さじ1
水……………… 2カップ
塩、コショー ………少々
おろしニンニク ………少々
パセリ …………………少々
片栗粉……………… 適量
オリーブ油 ………… 適量

エノキなんかを足してもよし
ごはんにかけたり、ガーリックトーストを添えたりしてどうぞ〜

●生タラの切り身
鮮度が落ちやすいので、買ったその日に調理しよう。冷凍すると身がスポンジ状になりいまいちです。
●ローリエ
ローレルとか、月桂樹の葉ともいう。スパイス売り場に売っている。

作り方

①タラは4つに切って軽く塩、コショーをふり片栗粉をまぶす。タマネギは薄切り、ジャガイモは5㎜くらいの厚さに切る。

②鍋にオリーブ油をひいてタマネギとジャガイモを炒める。

③トマト水煮缶、固形チキンスープ、カレー粉、水、ローリエを加えて10分ほど煮る。

④タラを加えてもう10分ほど煮る。

⑤味をみながら塩、コショーしおろしニンニク、みじん切りのパセリ、オリーブ油少々を加えてできあがり。

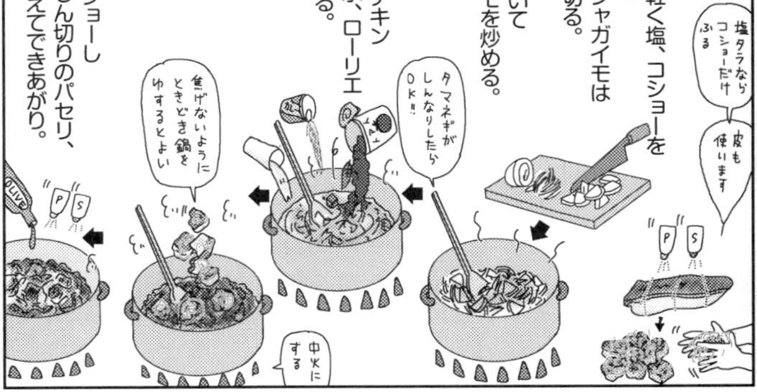

塩タラならコショーだけふる
皮も使います
P
S
タマネギがしんなりしたらOK!!
中火にする
焦げないようにときどき鍋をゆするとよい
OLIVE

今回のポイント

●鱈（タラ）

魚に雪と書いて鱈＝タラは寒くなると美味しくなる冬を代表する北の魚。日本では和風の鍋物で登場することが多いが、淡白な中に旨みを秘めたその味わいは、どんな料理にも合い、世界中で愛される魚でもある。そんなタラのよさを生かした今回のカレーは、水を多めにしてスープカレー風にしても美味しいし、カレー粉をサフラン粉に変えると、本格的なブイヤベース風のスープにもなる。タラの新定番メニューにどうだ！

膳の40
クッキングピープル
使えるカンタン料理コミック
あ
お父さん
またなんか
怪しげなもん
つけてる
シューー
ああ
つけてるよ
あー、それ
最近テレビで
よくCMやってる
ワカメエキスが
うんぬんって
やつよね
コト
KAISOU FUSA FUSA
これは確かに
効くって
囲碁仲間で今
評判なんだよ
シャカ
シャカ
評判ねえ…
でも、もう十何年
その髪型なんだから〜
カッパのおじさんで
もういいじゃない〜
何いってんだ!
あきらめたら
起きる奇跡も
起きないだろう
!!
まあ
そうだけど…
んん??
どうしたの
お父さん?
頭が…
…熱い…
へ?
シュル
シュル
???

ろ゛わわ
ぐあああああ
…わわわ ワカメ?
わさわさ わさわさ
きゃあああああ ワカメ〜〜〜〜
わさわさ
たすけて〜 ワカメが ワカメが
おい、マミ 何かいるぞ!
あっ あれは!!
ワカメ星人!
むんず
ぐるん
ぐるん
ぐるん
マミちゃんジャイアントスイング!
ひえ〜
ひえ〜
ひえ〜
ひえ〜
ひー
ズボ
マミちゃーん ビクトリー
やったな マミ
パチパチ

●イタメワカメ

A 塩ニンニク炒め

ワカメ（生または塩蔵）
おろしニンニク
オリーブ油
レモン汁
塩、あらびきコショー、
白ゴマ
……………… すべて適量

B ネギカツオ炒め

ワカメ（生または塩蔵）
ゴマ油
ネギみじんぎり
削り節パック
ポン酢醤油、ラー油
……………… すべて適量

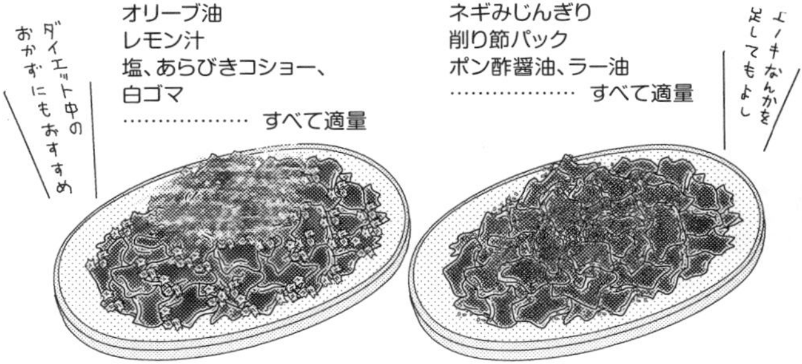

ダイエット中の
おかずにもおすすめ
エノキなんかを
足してもよし

作り方

◆下準備（共通）

生ワカメはサッとゆでて冷水に取り適当に切る。
塩蔵ワカメは戻してから適当に切る。

A 塩ニンニク炒め

フライパンにオリーブ油とおろしニンニクを入れて火にかけ、いい香りがしてきたらワカメを加えサッと炒めて塩、コショー、レモン汁をふる。
皿に盛って白ゴマをふってできあがり。

B ネギカツオ炒め

フライパンにゴマ油とネギのみじん切りを入れて火にかけ、いい香りがしてきたらワカメを加えサッと炒めラー油をふる。
皿に盛って削り節パックをのせ、ポン酢醤油をかけてできあがり。

生ワカメは熱湯につけると数秒でキレイな緑色になるのですぐ取り出す！
塩蔵ワカメは水につけて、袋の指示どおりの時間で戻す長くつけすぎるとコシがなくなるので注意！
どちらも水気をよく切ってから調理しよう

ラー油
S
P
OLIVE

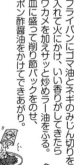

ごめんなさい てっきり ワカメ星人だと…
ぱく
ぱく
カッパのおじさん どこまで飛んでったのかなあ
ぱく
ぱく
いえいえ いいんですよ こんなおいしいワカメ料理が食べられたし～
ぱく
…おじさんは カッパじゃありません
スッ
あ、おとうさん帰ってきた
あらー すっきり
残ってた横の毛まで一緒になくなってしもうた上に頭の皮が伸びてしまったよ
どうすりゃいいんだコレ？
…ったくー へんな薬に頼るからよ
す、すみません
カッパもワカメ食べれば？髪生えるかもよ
30分後
ううう 頭が――
うひょおおお

今回のポイント

●ワカメ（若布）

日本の食卓になじみ深い海藻ワカメは『若芽』『若女』とも書かれ、昔から若返り効果のある健康食材とされてきた。事実、食物繊維や鉄分、カルシウム、ヨードなど各種ミネラルを豊富に含み、そして極めて低カロリー。健康増進に、ダイエットに毎日摂りたい食材だ。塩蔵や乾燥ワカメとしては一年中食べられるが、本当の旬は早春。2月～3月頃に出回る生ワカメは、新鮮な海の味を存分に味わえる季節限定のお楽しみである。

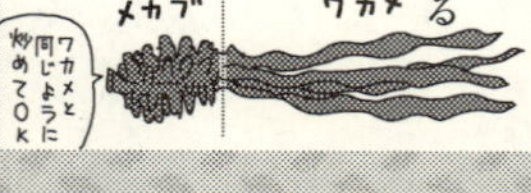
ワカメ
メカブ
ワカメと同じように炒めてOK

膳の41
クッキングピープル
使えるカンタン料理コミック
20○○年 オレはなけなしの貯金をはたいて ついに今話題のアンドロイド恋人『マリちゃん』を買った
えーっと 包装をとって 椅子にすわらせたら
ちょっと安易な気もしたが これでもう 彼女のいない さみしい日々からは おさらばだ
胸のボタンを押します…と
ぴ
ぱち
ま、マリちゃん？
ハイ、ワタシ マリちゃん
わーい マリちゃん
ガバ
DON'T TOUCH ME!
ドン
ぴゅー
あれ、なんか 設定まちがってたかな
一番 フロ
すっく
二番 メシ
三番 ワタシ
これは 選べって ことか…
じゃあ 三番で!!
DON'T TOUCH ME!
ドン
えーっと 最初のうちは マリちゃんの反応は ぎこちないですが 根気よく教えて あげることにより 徐々に学習を重ね あなた好みの女性に なっていきます…か
ギリ
ギリ

結局
アンドロイド恋人『マリちゃん』は
そのあまりのハードな仕様に
返品が続出、
メーカーは倒産した
大規模リコールに消費者庁が動き出す
返品の山となったマリちゃんシリーズ
たいへんだなぁ
君のお仲間たち
タイヘン
タイヘン
あぅぃ
ドン
だがなぜかオレは彼女を返品する気にはなれなかった
それから半年…
お花キレイ
あ、お花の美しさがわかるんだね
努力のかいあってかマリちゃんには少しずつではあるが人間らしい言動が見られるようになってきた
猫カワイイ
かわいいもわかるのかいいぞ〜
あなた
オヤジ
キレイでも
カワイイくも
ない
…マリちゃん
次は思いやりってやつを覚えようね…
そしてついにいっしょの布団で眠れるようにまでなった
じゃあね
おやすみ
マリちゃん
ヤスム
スヤスヤ
ゆかりのおにぎり
うまいなあ〜
ムニャムニャ
ピピーッ
ゆかり
誰?
ピピーッ
ピピーッ
浮気!
浮気!
浮気!
ピピーッ
ん?
どうしたんだい
マリちゃん?
浮気ダメ!
DON'T TOUCH ME!
ドスバキ
DON'T TOUCH ME!
わあああ

●ゆかりのおにぎりセット

鶏手羽のゆかり網焼き

鶏手羽先肉
マヨネーズ
ゆかり
醤油
おろしニンニク
……………… すべて適量

ゆかりとシラス混ぜおにぎり

しらす干し
ゆかり
熱いゴハン
白ゴマ、青海苔
……………… すべて適量

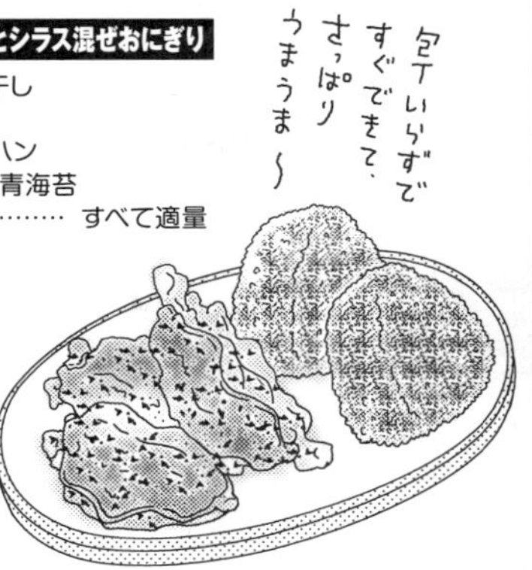
包丁いらずで
すぐできて、
さっぱり
うまうま〜

『ゆかり』は市販のふりかけのでイイヨ
自家製梅干しに赤シソがくっついていたら、それを絞って細かく刻んだものでもイイヨね

作り方

鶏手羽のゆかり網焼き

マヨネーズ、ゆかり、醤油、おろしニンニクを混ぜ鶏肉に塗り網で両面こんがり焼く。

マヨネーズとゆかりの割合は同量くらい、しょうゆは少しで
鶏手羽肉は開いてあるのを買っとこう
ぬり
ぬり!!
裏表にたっぷりめにぬる
油なしのフライパンで焼いてもよし!!
皮側から焼く!!

ゆかりとシラス混ぜおにぎり

熱いゴハンに、ゆかり、しらす干し、白ゴマ、青海苔を加えて混ぜおにぎりにする。

シンプルにゆかりだけでももちろんおいしい!!
ゆかり
にぎるとなぜかうまさが倍になる
ゆかりのおにぎりは食欲がない時にもイイヨね!!

やっぱうまいなあゆかりのおにぎりは
ぱくぱく
ワタシも食べたい
あ
マリちゃんは人間じゃないからごはんはいらないんだよ
じゃあワタシいつか人間になれるか？
え？
なれるさマリちゃん
そうかっ
楽しみダナ
ラン
ラン
ラン
かかかかか

今回のポイント

●赤紫蘇とゆかり

日本に自生する和風ハーブ。強力な殺菌効果と防腐効果があり、昔から漬物や料理のあしらいや薬味に使われてきたが、最近はその高い抗アレルギー効果が注目され、花粉症にもよいと人気が高まっている。この赤紫蘇の塩漬けを乾燥し粉末にしたものが『ゆかり』と呼ばれるふりかけで、食欲をそそる爽快な香りと奥ゆかしい紫色は、様々な料理で存在感を発揮。殺菌防腐効果もあるので、お弁当素材としてもおススメだ！

梅干しについてるのもコレ
名前は、昔赤じその紫色を『ゆかり』と詠んだことに由来するらしい
by三島食品

クッキングピープル
使えるカンタン料理コミック
膳の42
人間国宝の寿司職人
三代目　中村海喜
その手から握られる寿司は一貫数百万円ともいわれている
寿司 中村
その中村の元に怪盗ヌブヌブールから犯行予告状が届いた!
3月3日夜、寿司界の宝をいただきに参上する
ヌブヌブール
う〜ん
ヌブブのやろうホントに来ますかね〜警部?
ヤツは絶対来る!! 警備を怠るな!!
…と、それより名人…
盗まれるとわかっててなぜわざわざ寿司を握られるのですか?
いかなる客人ももてなすのがわたしの流儀
たとえ泥棒であっても
ホゥ…
なるほどー
うまそー
じゅる
じゅる
クイテー
何を盗むんでしょうか
エビですかねマグロですかね
バチン
わわっ
うお
ハーッハッハッハッハッ
でたなヌブヌブブール!!
ヌブブヌブールですよ磯山警部
ちなみにお宝はすでに頂戴しました
なにぃ

な、何を盗んだんだ！
……
なに？
なに？
きょろ
きょろ
これですよ！
ハーハッハハハハッ
ああ、あれはっ!!
バッ
ガリの壺…
ガリ？寿司の横についてる甘い生姜のことか？
それではみなさんさようなら
まてヌヌヌヌーブ!!!
バッ
逃がすな撃て撃て!!
ヌブブヌブールですってば
くそーおおぉあいかわらず逃げ足の速いやつめえええぇガリ返せーヌブブルルー
ヌブブヌブールですよ磯山警部
それにしてもなぜにまたガリだけを…
こんなにいろいろあるのに
ガリよりトロだろう
くわっ
あのお方は寿司のなんたるかをしっているようだ…
なになに？
それってなに？

●ガリと鰯蒲焼の混ぜ寿司

●材料

鰯蒲焼缶	1缶
ガリ（甘酢生姜）	鰯の半量ほど
卵	2コ
三つ葉	1株
海苔	適量
白ゴマ	大さじ2
熱いゴハン	2合分（茶碗4杯）
すし酢	適量

残ったら
温めなおしで
またおいしい!!

すし酢は
酢に砂糖・塩を
混ぜてある
寿司飯用の
味付け酢だが、
酢のもの全般の
ベースにけっこう
いろいろ使える
すし酢

作り方

①鰯蒲焼缶は皿に出して電子レンジで3分加熱。

卵は炒り卵にする。

水にぬらした湯のみに溶き卵を入れて卵1個につき電子レンジ約50秒。お箸でグルグルするとかんたん！

ガリと三つ葉は細かく刻んでおく。

②熱いゴハンにガリと白ゴマを混ぜ味をみてすし酢を足す。

③鰯蒲焼と炒り卵と三つ葉を混ぜ込む。

④器に盛り海苔をちらしてできあがり。

ラップはしないで缶臭さと水分を飛ばす！

薄焼き卵やふつうの炒り卵が上手にできる人はそちらで～
すし酢はごはんがビショビショにならないよう少しずつ足す
ボールが木の桶ならサイコー

バタン
あ
お父さん
帰ってんだ
あ、そう
・・・
お帰り
あら、なんか
作ってたの
いや今日は
雛まつりだから
お寿司かなと
思って…
ササッ
やだ〜
雛まつりのお祝いは
さっきもう
女同士で
高級なお寿司屋で
してきちゃった
んだよね〜、ママ
というわけで
お父さん
それは一人で
食べといて
そうか…
これも実は
ものすごく
高級なのにな…
あかりを
つけましょ
……
……

今回のポイント

●寿司とガリ

寿司の付け合わせの定番、甘酢漬け生姜『ガリ』。寿司を食べた後につまむと、口の中の魚の臭みがとれ舌がリフレッシュされ次がまた美味しく食べられるという仕様だが、家庭で作るちらし寿司なら、このガリを具とともに酢飯に混ぜこんでも美味しい。イワシやアジ、サバなど独特の癖のある旨みを持つ青魚たちも、ガリがさっぱり美味しくまとめあげてくれる。鰯蒲焼缶やアジの干物、シメ鯖などで手軽に作るのもいい。

自家製ガリも意外とカンタン
6月頃出回る
新生姜の皮をむき
薄切りにして
サッとゆでて絞り、
すし酢に漬ける
2週間後
くらいから
食べられる

膳の43
クッキングピープル
使えるカンタン料理コミック
がんばりますので
よろしく
お願いします
うーむ
シュンシュン
いえね…
あなたが
勤められていた
会社って
みんな倒産
してますよね
えっ
で、でもっ
それはたまたま
そうなった
だけで…
うーん
それはそう
なんだけどね
失礼しました…
はぁ…
再就職先が
なかなか
見つからない
不幸続きの女
川原幸子にとって
この冬の寒さは
ほんとうに
身に沁《し》みるもの
であった…
またダメ
だったか…
採用して
もらえるなら
と思って
こんな遠くまで
来たのにな…
トボ トボ
ガッ
キャッ
ウキキー
やだ、ちょっと
まってー
バッグ返して
おサルさん
イイ子だから
ねっ、お願い
それ返して
ウッキー
はっ

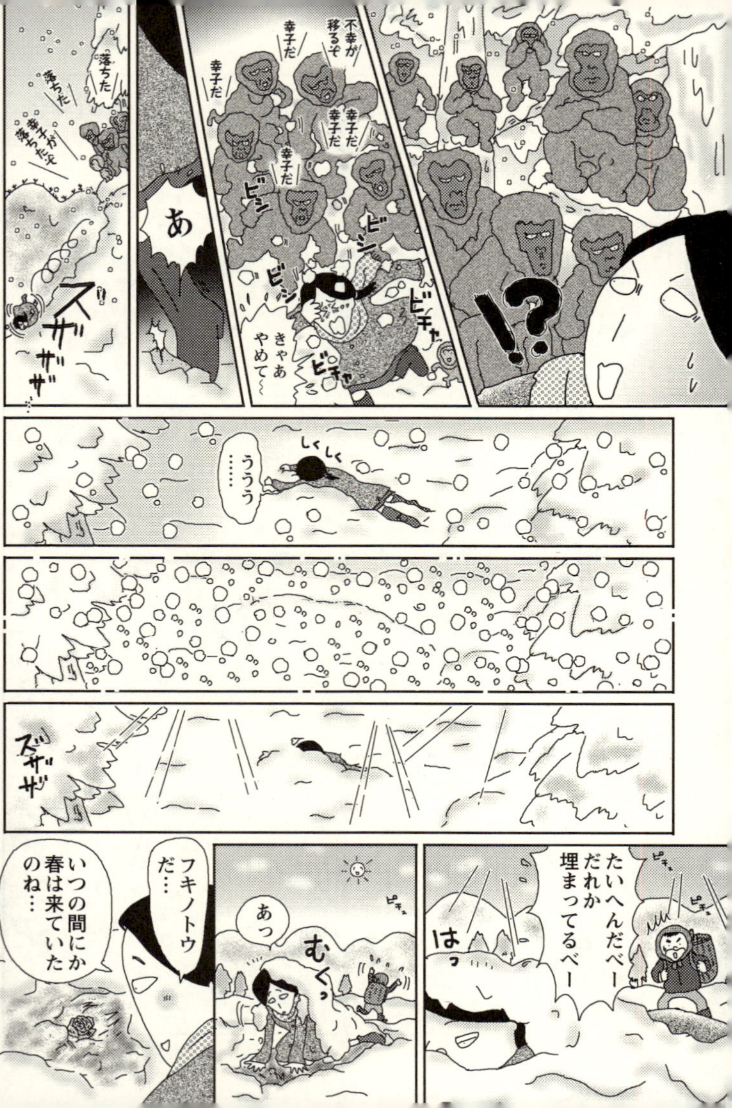
!?
不幸が移るぞ
幸子だ
幸子だ
幸子だ幸子だ
幸子だ
ビシ
ビシ
ビシ
ビチャ
ビチャ
きゃあやめて〜
あ
落ちた
落ちた
幸子が落ちたぞ
ズザザザ
しくしく
ううう……
ズザザザ
たいへんだべーだれか埋まってるべー
ピチュ
ピチュ
はっ
あっ
むくっ
ピチュ
フキノトウだ…
いつの間にか春は来ていたのね…

●春の息吹スパゲティ

●材料（2人分）

フキノトウ	5～6コ
またはセリか菜の花	1/2束
ベーコン	5～6枚
ニンニク	ひとかけ
スパゲティ	好きなだけ
オリーブ油、レモン汁、塩、コショー	それぞれ適量

ちょっと苦いですが、そのホロ苦さがうまいです～

フキノトウは2月下旬から3月頃にパックに入ってお店にも売っています
なければセリや菜の花もおすすめ

作り方

①スパゲティをゆでる。

②フキノトウはみじん切りにして水にさらしざるにあげる。ニンニクは薄切りにする。ベーコンは2～3cm幅に適当に切っておく。

③フライパンにオリーブ油を入れ火にかけニンニク、フキノトウ、ベーコンを炒め塩コショーする。

④ゆでたてのスパゲティを入れて混ぜ味をみながら塩、コショー、レモン汁。お皿にもって白ゴマをかけてできあがり。

スパゲティは塩を大さじ1杯入れた湯でゆでる
フキノトウは切り口から黒ずむので、切ったらすぐ水につけよう!!
セリ、菜の花はみじん切りにするだけでいいです
フキノトウは水気をよく絞ってから入れる
S
P
パサつくようならスパゲティのゆで汁をお玉一杯程度加えるとよい
S
P

ごちそうさまー
ふう
春のパワー
充電完了!
ガラ
ガラ
明日からまた
がんばろう!
ササ
ん?
あら、ここに
だれかいたような
気がしたんだけど…
あー
あたしの
バッグだ
なんでこんな
ところに
まさかお猿さんが?
んなワケないか…
誰にでも
春は来るんだ!
がんばるんだぞ
幸子!!
キョロ
キョロ

今回のポイント

●春の苦み野菜

「春の皿には苦味を盛れ」という言葉があるように、春の野菜には独特の香りとほろ苦さがあるものが多いが、この苦みと香りには消化を助ける作用があり冬の間にたまった老廃物を排出し、体を目覚めさせてくれるとされる。フキノトウに始まり、菜の花、セリ、アサツキ、ウド、竹の子などなど続々と出てくる春の苦み野菜たちから、春の生命力と復元力を体に取り込み、春から始まる新生活をシャキッとはじめよう。

フキノトウはフキの花のツボミ部分。
近所のお店で手軽に買える山菜だけど、自分で摘んだものでも、もちろんOK!!

膳の44
クッキングピープル
使えるカンタン料理コミック
あ 聞こえる…!
え? また?
こっちだわ!!
ミミ??
どこにでもいる普通の女子高生木村ミミには実は、ときおり死者からのメッセージが聞こえることがある…
ダ ダ ダ ダ ダ
このあたりからなんだけど…
ん
早く来て!
どこ?
どこにいるの?
こっちよ! こっちよ!
OK!
お願い 早く来て!! でないと…
ダ ダ ダ ダ ダ
あっ
タイムサービス
ワイ ワイ ワイ ワイ ワイ ワイ

見つけた！あそこだわ！
カランカラン
安いよ〜安いよ〜
鶏胸肉がなんと100g30円〜
売り切れちゃうよ〜
鶏ムネ肉 30円
ワー
最後の1パックだよ〜
カランカラン
あなたね!!
そうよ！早くわたしを奪って!!
バッ
これください!!
ただいま！
バン
おかえりミミちゃん
で、次は何？
ダダダダ
うん、わかった！塩、コショー、砂糖をまぶしてポリ袋に入れればいいのね!!
うん
うん
で、これを冷蔵庫に入れるのね!!わかった！
ブツブツ
やれやれまたミミがなんかやってるよ
今度はなにができるのかしら？

●万能ボイルチキンハム

●材料

鶏胸肉 …………………………… 1枚
塩、砂糖……………………… 各小さじ1
コショー ………………………… 適量

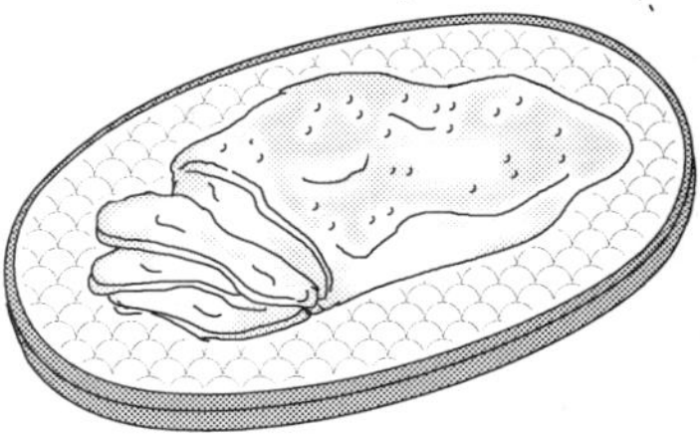
あっさり低カロリー、
しっとり柔らか、
ほんのり塩味の
ハム風ゆで鶏。
和洋中どんな風にも
使えるので、
作ってみると
なにかと便利で
おいしい〜

あれば
塩はあら塩、
砂糖は黒砂糖・
きび砂糖・ハチミツ
などがよい〜

作り方

①鶏胸肉に塩、砂糖、コショーをまぶし
ポリ袋に入れ
冷蔵庫に1〜3日入れておく。

②鍋に入れ水を注いで火にかけ
煮立ったら弱火にして20分煮る。

③そのまま冷ましてできあがり。

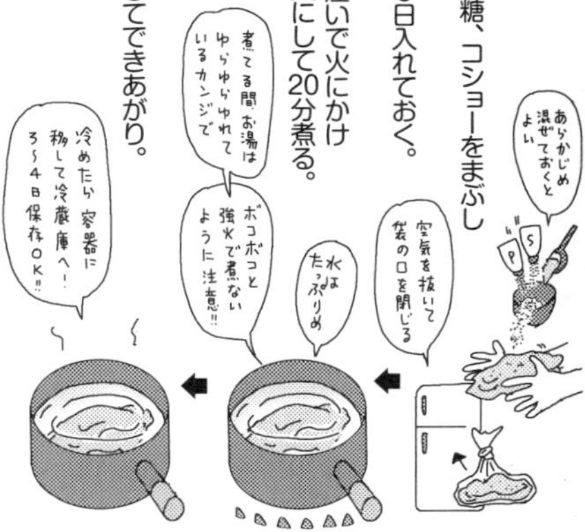
あらかじめ混ぜておくとよい
P
S
空気を抜いて袋の口を閉じる
水はたっぷりめ
ボコボコと強火で煮ないように注意!!
煮てる間お湯はゆらゆらゆれているカンジで
冷めたら容器に移して冷蔵庫へ！3〜4日保存OK!!

バリエーション

●チキンサラダ
薄切りのタマネギとトマト、
ざく切りの水菜とともに
皿に盛り、マヨネーズと
ポン酢醤油をかける。

他、お好みのドレッシングでどうぞ
P

●鶏そば
せん切りのネギとともに
温かいそばにのせる。

汁の中で煮ないでトッピング用として使おう

●棒々鶏（バンバンジー）
せん切りのキュウリと
市販のゴマだれであえる。

白ゴマをふってどうぞ〜

※この他、サンドイッチや
ポテトサラダの具などもイケル!

スライスタマネギとトマトとあわせて！チキンサラダ!!
バン
おそばにのせて鶏そば!!
バン
ゴマだれとキュウリとあえてバンバンジー!!
バン
それからどうしたいの？
あ…声が聞こえなくなった…
逝っちゃった…
思いは遂げられたんだね…
うん
うん
じゃあ食べようか
いただきますー
こうして死者のメッセージが聞こえる少女木村ミミはまたひとつの魂を救ったのであった

今回のポイント

●万能チキンボイルハム

鶏肉の中でも脂肪が少なく低カロリーで高たんぱく、淡泊な味が特徴の鶏胸肉。調理によってパサパサになりがちなことから、人気はモモ肉に一歩譲るが、そんな鶏胸肉を見直したくなるのがコレ。塩と砂糖を擦り込み一日以上置くことで、塩によって肉の旨みが引き出され、砂糖によってしっとり柔らかな肉質になるので、これを沸騰させずに静かに茹でて、そのまま冷ませばOK。美味しい上に何かと便利な一品の完成だ！

できあがりはハムのようだけどハムと違って焼いたり炒めたりにはむいてないのであしからず!!

膳の45
クッキングピープル
使えるカンタン料理コミック
はい 柏木くん わたしの特製チャーハンよっ
え、これ 冴子さんが作ったの？
やーね わたしだってチャーハンくらい作れるわよー
ん？ だれか来た
ピンポーン
柏木の家内でございます 夫がお世話になっております
!?
ガタ ガタ ガタ
ちょっと何でウチに奥さんが来るワケ？
ガク ガク
ブル ブル
あうあう に、に…
ガタ ガタ
失礼いたします
ドガーン
きゃあ
逃げろ
シュッ
とおっっ

あら、チャーハン…しかも平凡…
ひ〜〜
うちではこのような平凡なチャーハンでなくてその季節折々の風情を取り入れたチャーハンを作っております
そうですね今の時期なら菜の花…
あ、そこのあなたちょっと菜の花を取ってきてくださいますか？
え 菜の花？
ザザッ
ガシッ
くいっ
ガク
……
わーい菜の花畑だ〜
花が開いてないものを選んで摘んでください
はーい
るん るん るん
カッ
そのくらいあればよいでしょう
バッ
御苦労さまでした
なになにあたし何してたの？
……

●菜の花とコーンとツナの炒飯

●材料（2人分）

菜の花	1／2束
コーン缶（ホール）	中1缶
ツナ缶	小1缶
ゴハン	茶碗2杯
クレイジーソルト	適量
油	少々

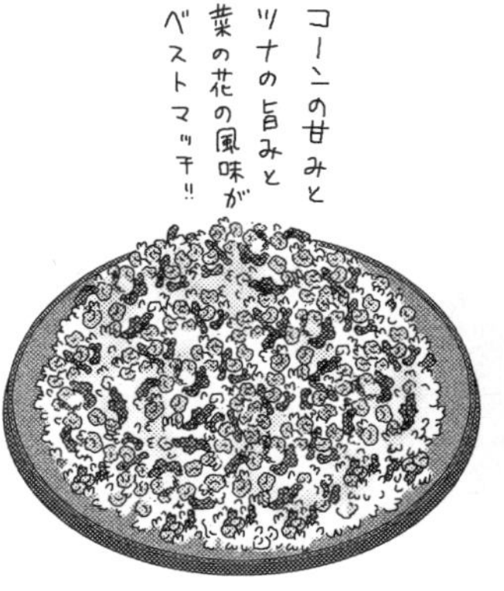
コーンの甘みと
ツナの旨みと
菜の花の風味が
ベストマッチ!!

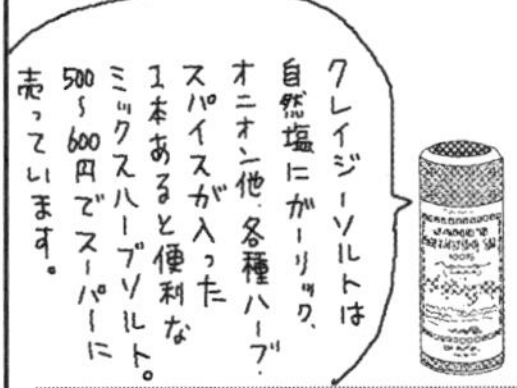
クレイジーソルトは
自然塩にガーリック、
オニオン他、各種ハーブ・
スパイスが入った
1本あると便利な
ミックスハーブソルト。
500～600円でスーパーに
売っています。

作り方

①菜の花は1㎝くらいに切る。

②油をひいたフライパンでサッと炒めクレイジーソルトをふって取り出す。

③続いてツナ缶を汁ごと汁気を切ったコーン缶を入れよく炒める。

④熱いゴハンと炒めた菜の花を加えて炒め合わせ、味を見ながらクレイジーソルトを振ってできあがり。

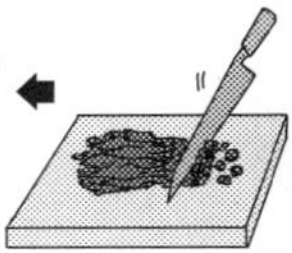

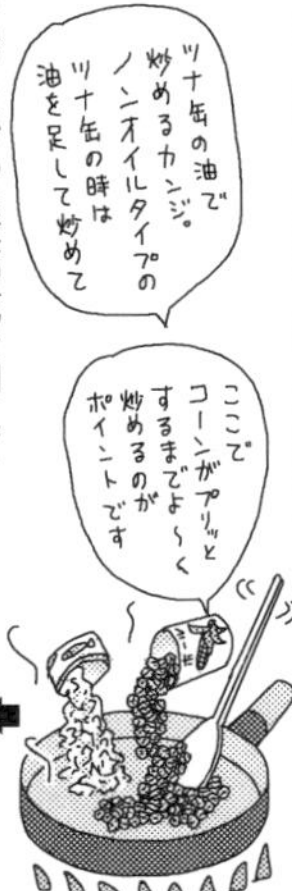
ツナ缶の油で
炒めるカンジ。
ノンオイルタイプの
時はツナ缶の
油を足して炒めて
ここで
コーンがプリッと
するまでよ～く
炒めるのが
ポイントです

ごはんが冷たい
時は電子レンジで
温めてから!

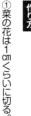

なるほどーチャーハンにもこんなふうに季節を取り入れることができるんですね勉強になりました～
では、あなた長居をしてはご迷惑ですよそろそろ帰りましょう
はい…
あ、あの
さっきわたしが行ってきた菜の花畑って…
うぅ…
あちらの世界でございます
サ
失礼いたします
ガタ
ガタ
ガタ
ガタ

今回のポイント

●菜の花（なばな、アブラナ）

春を代表する葉っぱ野菜の菜の花は、βカロチン、ビタミンB1・B2、C、E、K、葉酸、鉄、カルシウム、カリウム、食物繊維など豊富な栄養素をバランスよく含む実力派野菜であり、菜の花に代表されるアブラナ科野菜の成分〝イソチオシアネート〟は、ガン予防に効果ありとされ近年とても注目されていたりもする。軸の切り口を見て中心部が白い物は鮮度が落ちているので避け蕾があるものは花が開いていないのを選ぼう。

つぼみ付きは器の水にさしておくとちゃんと花が咲き、さらに春気分が盛り上ります

膳の46
クッキングピープル
使えるカンタン料理コミック
なんで君は魚屋からアサリなんか盗もうとしたんだ？どうだそろそろ話す気にならんか
…………
ボクの話信じてくれますか刑事さん！
おおもちろんだ話してみろ
ぼくが小さいアサリを取ったら
うわーちっちぇー
母親が
ヨシオ小さいのは埋めといてやりな
というので
あれはぼくが小学2年生の春休み…家族で潮干狩りに行った時のことです…
ぼくはそのアサリに自分の名前をかいて
ちぇっせっかくとったのにぃ
その浜辺に埋めたんです…
大きくなったらまた会おうぜ！
ペタ
ペタ
それが…20年後のあの日…あの魚屋の前を通りかかったら…
ん
鮮魚店
特売 砂抜き あさり 1山 200円!!
でかっ
なんだこれハマグリ？

あ
違うよ
アサリだよ
いらっしゃい
まさかー
こんなでかい
アサリ…
あ、あの
コレください！
ダメ
ど、どうして？
コレは売り物
じゃないんだ
これ置いとくと
客寄せになって
アサリが売れる
んでなぁ
!!
ヨシオ
でもコレは
ぼくのアサリ
なんです!!
はあ？
何言ってんだ
兄ちゃん
まっ
どうしても
ほしけりゃ
100万円で
売ってやって
もいいけどな
ええ？
ひゃ、
100万…
それで仕方なく
その夜ぼくは
あの店に忍び込み
こうして捕まって
しまったと
いうわけです…
なるほど
これがなぁ
ほんとだ
ヨシオって
書いてある…
不思議なことも
あるもんだなあ
証拠品
あっ
ぐるん
ぐるん
う、動き
出した!?
うおっ
パリ
わわ
ありゃー
証拠品が
飛んでっち
まったよ
わあぁ
ぼくの
アサリがあぁ
なんだ
ありゃ？
アサリ
ですよね
アサリなのか？

●アサリとエノキの丼蒸し

●材料（2人分）

アサリ	1パック（250g前後）
エノキ	小1袋
ミツバ	10本くらい
酒	大さじ1
醤油	大さじ1弱

酒のつまみにどうぞ〜
包丁なし、器1コでかんたんらくちん!

アサリは砂抜き済みのだと早い!!
塩水なしで売られているのは口をしっかり閉じているのが新鮮!!
エノキの他、ブロッコリーやアスパラもいい
あさり

作り方

①アサリは殻をこすりあわせてよく洗う。エノキは根元を切ってほぐす。ミツバは適当に刻む。

②ラーメン丼にアサリとエノキ、酒、醤油を入れざっと混ぜる。

③ラップして電子レンジで4〜5分加熱。アサリの口が開いたらOK!

④刻んだミツバを混ぜてできあがり。

※食べ終わったら、器に残った蒸し汁で雑炊もオススメ。煮汁を適当に薄めご飯を温め、卵でとじてミツバを散らす。

砂抜きしていないアサリなら砂抜きしてから!（ポイント参照）
ガシャ
ガシャ
エノキの根元は袋ごとキッチンバサミで切るとらくちん!
ついでにミツバもハサミで切る!

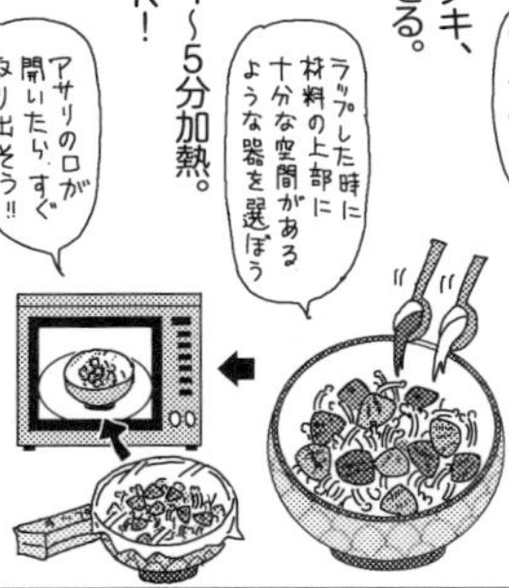
ラップした時に材料の上部に十分な空間があるような器を選ぼう
アサリの口が開いたらすぐ取り出そう!!

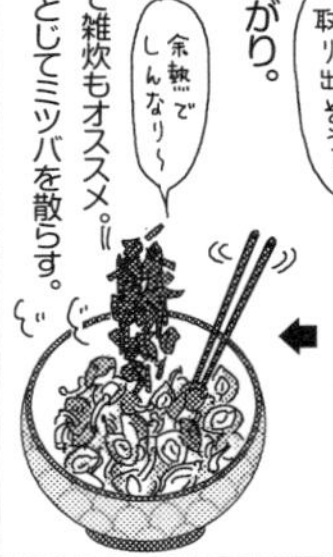
余熱でしんなり〜

50年後
ヨシオの家
パク パク
今日のアサリもうまいのう〜
そういえばあのアサリはなんじゃったんだろうなあ…
パッ
緊急速報
番組の途中ですが緊急速報です!
ん
ただいま巨大な物体が地球に向かっていることが確認されました!
緊急速報
もぐ もぐ
これがその物体の映像です!
!!
UFOでしょうか?
隕石でしょうか?
……

今回のポイント

●アサリ

タウリン、ビタミンB12・鉄分・亜鉛など、その小さな体は海の栄養がぎっしり。鉄分はビタミンCがいっしょだと吸収率がUPするため、生野菜（今回はミツバ）をプラスして、栄養と旨みが溶け出したアサリの煮汁も余すことなくいただこう。砂抜き済みを購入するのが便利だが、時間があれば家でも軽く砂抜きすれば安心。2〜3%の塩水に浸し暗くして1時間、砂抜きしていないアサリなら3時間くらい浸しておけばOKだ。

アサリの砂抜き
塩水は水1カップに対し塩小さじ1杯ぐらいの割合。
重ならないように並べ、水の量はヒタヒタ。

膳の47
クッキングピープル
使えるカンタン料理コミック
あらリュウちゃんまだ寝てなかったの？
じっ…
何やってるの？
バナナに斑点が付けられるところを見張っているんだよ
はあ？
ママはバナナの斑点はどうやって付けられるか知ってる？
そんなの古くなったら自然にできるに決まってるじゃない
違うね！
たぶんバナナの斑点は何者かがこっそり付けに来るんだよ
あのバナナはたぶん今夜あたり…
んなアホな
だからボクは…

今晩ひと晩中見張ってそれを証明するんだ!!
あ、そう勝手になさい
おやすみ
こっくりこっくり
グオーグオー
グオーグオー
すっ
………
ペタ
ペタ
グオーグオー
あー
ピチュ
ピチュ
眠ったすきに斑点が!!
くそおおおおおお
ドン
ドン
ドン
あら食べ頃になってるじゃない

●バナナとうふぱん

●材料

バナナ(熟したもの)	1〜2本
絹豆腐	1/3丁(100g)
小麦粉	1カップ
塩	小さじ1/3
ベーキングパウダー	小さじ1弱

焼きたてをそのまま朝食パンに!
ハチミツやマーマレイドをそえおやつに!!
まわりはカリッと、中はもっちり~
あったかいうちがおいしい~

Baking Powder

●ベーキングパウダー

膨張剤。開封後何年もたったものは、膨らむ力が弱いので、新しいものを!!

作り方

①絹豆腐をボールに入れ泡だて器でグルグルして潰す。

なめらかになるまで混ぜる

②バナナを薄切りにして加える。

バナナはよく熟したもので
切ったらすぐ混ぜる

③小麦粉とベーキングパウダー、塩をふるって加え、へらで混ぜる。

練らないで切るようなカンジでへらを動かす
粉類をザルに入れふるい入れる
最初はちょっと粉っぽいけれどだんだんまとまる
粉類はホットケーキミックス200gに変えてもOK!!少し甘いパンになる

④数個に丸めて180℃のオーブンで15~20分くらい焼く。

オーブントースターなら2cm厚さにまとめ、10~15分くらい焼けばOK。途中焦げてきたらアルミホイルをかぶせて!
キレイな焼色がつけばOK
鉄板にクッキングシートをしいて

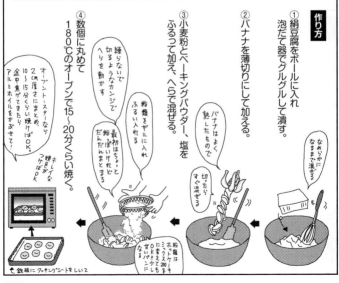

泣き疲れて寝ちゃった
すや すや
くす
スー スー
シュタッ
キョロ キョロ
すや すや
こいつ ついにわれらの存在に気がついてしまったようだな…
ペタ ペタ ペタ
ええい こうしてやる
一時間後
うわーん ちょっと寝ている間にまたやられちゃったよおおお
わ〜〜ん
あらら

今回のポイント

●バナナ

茶色の斑点『シュガースポット』が現れると、甘みだけでなく、抗酸化作用も高まり免疫力UP効果が一段と期待できるバナナ。加熱しても酸やアルカリを加えてもその効果は持続するため、菓子や料理に使うもヨシ。果糖、ショ糖、でんぷんと吸収速度が違う糖をバランス良く含むため腹もちがよく、豊富な食物繊維で腸もすっきりと、何かと嬉しい果物だ。冷蔵庫では追熟が止まってしまうので斑点が出るまで常温保存で!

皮は黒いけど身はまだ白いって時がベストタイミング!!

膳の48
クッキングピープル
使えるカンタン料理コミック
初めてのデートで彼と来たこの浜辺…
あの頃は別れるなんてこれっぽっちも思ってなかったのにな…
ぐすん…
そこの娘！どうした元気がないぞ!!
ビタン
へ？
元気がないならエビを食え！
ジャバ
ジャバ
わわっ
なにこれエビ？
ペチ
ペチ
ペチ
ちょっとあ、あなた誰よ!?
わしか？
わしはエビじじいじゃ!!
エビじじい？
食え食えエビを食えー
な、なんでエビなのよ
ペチ
ペチ

それはエビが漢字で海老と書くようにその姿が長いひげを生やし腰が曲がった老人に見たてられ
昔からエビを食べると〝腰が曲がるまでピチピチ元気で長生きできる〟といわれ長寿の象徴とされてきたからじゃ
ベラベラ
ベラ
……
……
だからホラわしもかなりのじじいじゃがこーんなに元気なのじゃ
カクカク
そそくさ
だからオマエもエビじゃーエビじゃー元気を出せー
きゃあやめてエビ投げないでってば
しっかしなんだったんだろうあのジジイ…
おかげで失恋旅行がだいなしに…
変なジジイに会っちゃったおかげでちょっと忘れてたけど…このドアをあけてももうお帰りっていってくれる人はいないのよね…
ふぅ…
カチャン
おっかえりー
ピチ
ピチ
なんでいるの？
それはエビじじいじゃからじゃ
くいっ
くいっ
元気がないやつには元気が出るまでエビを食わせる
それがエビじじいなのじゃー
はあ？

●かんたんエビチリ

●材料

エビ	200g
ショウガ	1片
ニンニク	1片
ネギ	10㎝
ケチャップ	大さじ2
めんつゆ	大さじ1
酒、塩、コショー	少々
ラー油	適量
ゴマ油	適量
レタスなど	適量

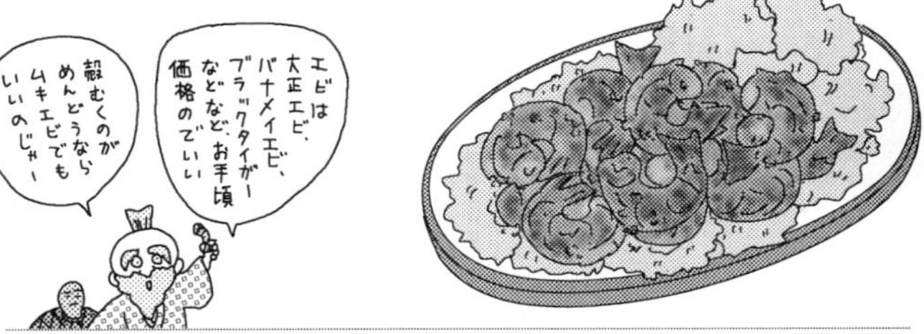

味付け簡単! フライパンひとつで作れて失敗なし!!
辛さ後付けタイプなのでお子様といっしょの食卓にもOK!!
エビは大正エビ、バナメイエビ、ブラックタイガーなどなど、お手頃価格のでいい
殻むくのがめんどうならムキエビでもいいのじゃ～

作り方

① エビは殻をむき背わたを取って水洗いしキッチンペーパーで水気をとってから軽く塩、コショーをふる。
ショウガ、ニンニク、ネギをみじん切りにする。

② フライパンにゴマ油をひいて火にかけショウガ、ニンニク、エビを炒めて酒をふる。

③ めんつゆ、ケチャップ、ネギを加えてエビにからめながら1～2分炒め好きなだけラー油を加える。

④ ちぎったレタスを敷いた皿にのせる。

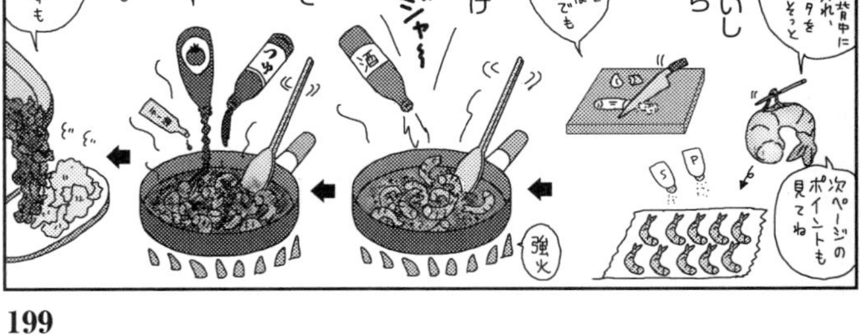

エビの殻は尾を残してむく
エビを丸め背中に切り込みを入れ、楊子で背ワタをひっかけて、そっと引き抜く
次ページのポイントも見てね
S
P
ショウガとニンニクはチューブのでもOK!!
強火
酒
ジャ～
つゆ
辛さはここで決める
下にしく野菜は炒めたホウレン草やゆでたブロッコリー等もオススメ!!

あー 食べた 食べた
じゃあな
あ、海 帰るの？
いんや
元気が ないヤツが まだまだ おるでな
たっしゃで なあ～
いっちゃ った
数日後
エビじじい 各地に現れる!!
あっ
ホレ ホレ
エビじゃ エビじゃ
わー
空からエビが 降ってくる～
何コレ？
この国は 元気がないぞー
みんなー エビを食えー

今回のポイント

●エビ

市販の無頭エビは、ほとんどが冷凍またはそれを解凍したものので、このエビは殻を剥き塩と片栗粉を揉みこんでから水洗いし、水気をしっかりとって調理すると、冷凍エビ独特の臭みが抜け、ぷりぷりエビに変身する。時間があればこのひと手間をかけてみよう。逆に時間がなくても絶対やってほしいのは背ワタを取ること。これがあるとジャリッとして料理がだいなしになるので、背中に黒いものが見えたら必ず取って調理しよう。

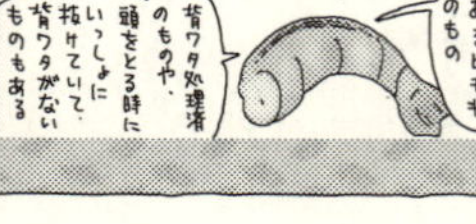
ここらへんにあるヒモ状のもの
背ワタ処理済のものや、頭をとる時にいっしょに抜けていて背ワタがないものもある

膳の49
クッキングピープル
使えるカンタン料理コミック
わー 急げ〜 オレ〜 入社早々遅刻なんてシャレになんないよ
ブオオン
タタタタ
到着でございます
ん
アセ
アセ
おっ そこのキミ 見慣れない顔だけどうちの社員だっけ？
へ？
わわっ しゃ、社長!? 入社式の時にちらっと見ただけだけど…
は、はい 新入社員の星野といいます!!
そうか 新入社員の星野くんか
はいっ！ お、おはようございます 社長!!
星野くんは春キャベツは好きかね
は？
あ、はい キャベツは好きですが…
いや、キャベツじゃなくて春キャベツだよ
春…キャベツですか？

巻きがゆるくて葉が柔らかい春キャベツはせん切りにして生で食べると最高でな
そのうえ胃腸をいたわるビタミンUがたっぷりで
るん
生で食べておいしいから熱による損失もなし!
るん
るん
柔らかいから胃壁にも優しくて
なにかと心労の多い社長のワタシや新入社員のキミにぴったりの野菜なワケなのだよ
バーン
バーン
はあ
げっこんな時間
おすすめの料理は…
社長そろそろ重役会議が
おそうか
じゃあな
ハイ
ほっ
うわ〜完全に遅刻だよ
ったく…新入社員が堂々と遅刻とはどういうことだ!?
第八営業部
いえそれがその入口で社長に呼び止められてしまって…
あ社長
あ社長〜
どうしたんだね
この新入社員の星野くんが入社早々遅刻してきたので注意していたところです
ダメじゃないかー
ダメじゃないかー
ええっそんなああ

●鶏照り焼き春キャベツ丼

健康ポイント

◇より低カロリーに…鶏肉を焼いたところで、キッチンペーパーなどで脂を吸い取る。

●材料（2人分）

鶏唐揚げ用肉 …………… 300g
春キャベツ………………… 好きなだけ
ゴハン……………………… 適量
塩、コショー、油………… 少々
醤油、みりん …………… 各大さじ2
マヨネーズ ……………… 大さじ2
ワサビ……………………… 小さじ1
海苔 ……………………… 適量

照り焼きと、キャベツと、ご飯とが、渾然一体となってうまい！
味のまとめ役はワサビマヨネーズ

鶏肉はふつうのモモ肉を一口大に切ったのでもOK
ボイル帆立や厚揚げなんかでもよいぞ

作り方

①フライパンに油をひいて熱しかるく塩、コショーした鶏肉を並べて中火で両面こんがり焼く。

②鶏肉を焼いている間にキャベツを千切りにする。マヨネーズとワサビを混ぜておく。

③鶏肉が焼けたら醤油とみりんを加え強火でトロッとするまで煮詰める。

④丼ゴハンにキャベツを載せ鶏肉をタレごとかける。ちぎった海苔をちらしワサビマヨネーズを添える。

S
P
鶏肉は必ず皮側から焼く！
中火
マヨ
鶏肉を焼くのに片面2～3分ずつかかるのでその間にやっとく
鶏の脂が多く出すぎてたら、キッチンペーパーで軽く吸いとってから味付けするとよい
ジュワ～
強火

このキャベツのタレがしみてヘナッとなったところがまた美味くてねえ
キッコ
キッコ
そ、そうですか…
星野くんは照り焼きの汁がしみたキャベツととんかつの横にあるキャベツとサラダに入っているキャベツどれが好きかね？
キッコ
キッコ
えーっとボクはですねえ…
おい星野くん頼んだ書類はできたかね
あ、いえまだ…
社長とお話をしていたので…
ダメじゃないかー
ダメじゃないかー
そんなあ
でなっこういう時こそ春キャベツだよ星野くん
はあ…
あの新人くんすっかり社長のお気に入りね～
ご苦労さまです

今回のポイント

●春キャベツ

季節ごとの品種が作られるキャベツ。春に出回る春キャベツは巻きが緩く葉が柔らかで、普通のキャベツに比べ生食に向きざっくりしたせん切りでも美味しく食べられる。キャベツは胃腸を守る働きの栄養素ビタミンUが多いことで知られるが、このビタミンUは熱にはあまり強くないので、その点でも春キャベツは非常に胃に優しい食材といえる。普通のキャベツでこの丼を作るなら、がんばってなるべく細いせん切りにしよう。

春キャベツは他のキャベツに比べ、しおれやすいので、外側の葉から使い、なるべく早く食べ切ろう!!

クッキングピープル
使えるカンタン料理コミック
膳の50
20●●年 小麦遺伝子の突然変異が原因で世界中の小麦の生産が激減
どういうこった…?
実が入ってねーべ??
小麦粉は政府の管理下におかれ一般市民は自由に小麦粉を使うことが許されなくなった
本日ついに粉もん禁止令が施行され…
粉もん禁止令施行!
それにより各地で暴動が発生
ワーワー
特に粉もの好きの関西地区では暴動が激化
おこのみやきくわせろー
たこやきくわせろー
ワー
やむをえず政府は軍隊を出動し武力でこれを鎮圧
大阪の街はすっかり荒廃した…
ヒューウウウ
お好み焼き
……
コツ
コツ
例のものあるかい?
キィ
…紹介状はお持ちで?

お客さん
見ない顔ね
この辺の人？
じゅ〜〜
……
はいお待ち
どうさま〜
じゅ
……
ぱく
うん
お好み焼き
だな！
ハイ
警察だー
動かないで
粉もん禁止令
違反で
逮捕しまーす
ええっ？
何ぃ
ドカ
ドカ
バン
これはこれは刑事さん
何を騒いで
おられるのですか
あんたは？
この店の主
4代目越後屋信義
です
店主かっ
ちょうどいい！
粉もん禁止令
違反でこの店を
摘発する!!
粉もの？
うちのお好み焼きは
小麦粉なんか
使ってませんぜ
うそつけ
今食べて確認したが
確かにお好み焼き
だったぞ！
じゃあ作り方を
特別にお教え
しましょう
え…

●トロロとキャベツの粉なしお好み焼き

●材料

キャベツ	3～4枚
長ネギ	10センチ
山芋	100g
卵	1コ
顆粒和風ダシの素	小さじ1
油	適量
ソース、青のり、削り節、マヨネーズ、ポン酢醤油など	お好みで適量

山芋は、長芋ならフワトロに、大和芋ならフワモチってカンジになる

作り方

①キャベツとネギはみじん切り、山芋は皮をむいておろしトロロにする。

②トロロに卵と塩を加え混ぜてからキャベツ、ネギ、ダシの素も加えて混ぜる。

③フライパンに油をひいて中弱火で両面をじっくり焼く。

④ソース、青のり、削り節、マヨネーズなど好きなようにトッピングする。

ゴージャス版

豚肉、エビ、イカなどの具材を炒めて軽く塩、コショー。その上にお好み焼き種を流して同じように焼く。

片面3～4分かけて焼く
柔らかいので裏返す時は分割してやろう もし崩れてもまたくっつくので大丈夫
ポン酢醤油ですっぱりいくのもオススメ!!
ダシの素
じゅ〜
ソース
かつお
じゅ〜

なるほど確かに粉は使ってない
こういうお好み焼きもいいですねえ
うまー
ぱく
ぱく
ぱく
ぱく
ドス
バキ
わあ
ギャア
お、おいっ容疑は晴れたんだぞっ
逮捕はしない！離してくれ!!
……
……
だって刑事さん秘伝の作り方聞いちゃったじゃないですか
ヨロシク
埋めとけ
ハイ
わー
やめてー
出してー

今回のポイント

●粉なしお好み焼き

胃腸に優しいキャベツと山芋をメインに粉なしで焼いたお好み焼き。その食べ心地は非常に軽く、一枚ペロリと食べても心配無用だ！焼き方のコツは以下の通り。①中弱火でじっくりと焼き、途中ヘラで押さえつけたりせずに我慢強く見守ること。②裏返す時は分割すること。粉なしタイプは柔らかいので無理に一気に返さず何分割かして裏返すのがコツ。崩れてもヘラでよせて形を整えれば、両面焼ける頃にはまとまってくれるぞ。

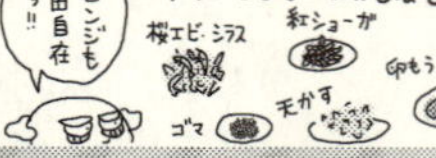
●プラスしてもいいかもなモノ
アレンジも自由自在だっ!!
桜エビ・シラス
紅ショーガ
卵もう1コ
ゴマ
天かす

膳の51
クッキングピープル
使えるカンタン料理コミック
ポカ
ポカ
春じゃ〜
ようやっと暖かくなりましたのう
春ですねえ〜
気持ちいいですねえ
おじいさん
そうじゃ
今夜のおかずは春巻きにせんかばあさん
……
はっ
ガクッ
おい、ばあさんばあさん!!
ほえ
あぶなかったー
逝きかけたー
もー
気をつけにゃーいかんぞ
お互い歳なんだから
で、なんでしたっけ？
えーっと今夜のおかず春巻きはどうじゃ？
あら、春巻きいいですねえ
材料あるか見てきますね
おう
うーん
皮も具もあるのに揚げ油がちょっと足りないですねえ
おじいさん
……

おじいさん？
おじいさん おじいさん
ガクガク
ほえ
すまん、すまん 今度はワシが逝きかけてもうた
もーおじいさんたら
ホッ
で、どうじゃ 春巻はできそうか？
ああ、それが揚げ油がちょっと足りなくて
皮も具の材料もあるんですけどね
そうかー
あ、そういえば前にタマさんが油ちょっとでできる春巻きを持ってきてくれたことがありましたよね
あの作り方聞いてくれれば…
でも、ばあさん タマさんは去年の暮れに死んじゃったぞ
ん
ガク
ばあさん ばあさん
おい、ばあさん
!!
ばあさああああああん
ガクガク
ほえ
おー戻った
今度こそホントに逝ってしまったかと
聞いてきましたよ タマさんに作り方！
ホ〜〜

●パリパリ焼き春巻き

●材料

春巻きの皮	3枚
塩・コショー	適量
油	約大さじ1
アスパラガス	1本
エリンギ	小1本
サツマイモ	50g

オーブントースターで焼くだけ!!
サツマイモ巻き
エリンギ巻き
アスパラ巻き

具はお好みで。次ページのポイントも見てください
油はゴマ油やキャノーラ油(菜種油)なんかがオススメ!!

作り方

①アスパラガスは下5cmくらいの皮をむき、半分に切り、塩・コショーを薄くまぶす。
エリンギは縦に4～5本に裂き塩・コショーを薄くまぶす。
サツマイモは太めのせん切りにし塩を薄くまぶす。

②春巻きの皮に油を薄く塗る。

③図のようにくるみ、巻き終わりを下にしてオーブントースターの鉄板に並べる。

④オーブントースターで約10分焼く。

あればピーラーを使うとよい
アスパラ
皮付きでOK
サツマイモ
エリンギ
油をぬったら重ねていく
ぬり方はムラムラでOK!! 刷毛がなければ指3本でぬる
アスパラにハム、エリンギにちくわ、サツマイモに黒ゴマをいっしょに巻くのもオススメ!!
①
具
②
③
キレイな焼き色がつけばOK!!
塩・レモン汁・しょうゆマヨネーズなどをそえて

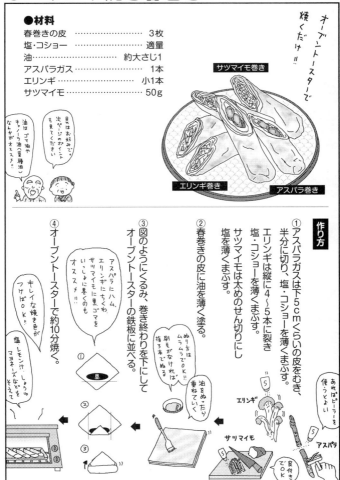

今回のポイント

●焼き春巻き

普通の春巻きより手間もカロリーも大幅カット。揚げたて春巻きのパリパリ感もちゃんとある焼き春巻きは、水の出にくい野菜に塩を振ってから巻くのがコツ。いっしょにハムや竹輪を巻いたり、ひと手間かけてキャベツとツナ、タマネギとひき肉を炒めたものを巻いた、ボリューム版もおいしい。巻いておけば後は食べる直前にオーブントースターで焼けばいいので、食事の時間が揃わない家庭におすすめの春巻き製作法でもある。

●切るだけで巻けるオススメ野菜

アスパラ・エリンギ・インゲン 他、サツマイモ・長イモ・カボチャ・ニンジン等はせん切りでね～

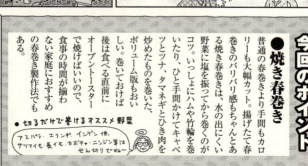

膳の52
クッキングピープル
使えるカンタン料理コミック
モミィのシニアのためのお料理教室
みなさんこんにちはっ 今日はわたくし持田ミヨがおじいちゃんたちでもとっても簡単に作れるデザートをお教えしま〜す
なんとお豆腐とバナナで作るヘルシーアイスクリームです〜
オオ〜〜ッ
ぷり ぷり
ゆっさ ゆさ
まずはじめにペーパータオルで豆腐をくるんで
こんなふうに手でやさし〜く絞りま〜す
もみ もみ
おお———
もみ もみ もみ もみ もみ もみ もみ
そうそう、そんなカンジ♥
やさし〜くやさし〜くね
おお———
もみ もみ もみ もみ もみ もみ もみ
そしたらこれをジッパー付きのポリ袋に入れて
他の材料も入れたら袋の口を閉じて……

滑らかになるまで今度は力強くモミモミしま～す
もみっ
もみっ
うおおおおお
そーれ、も～みもみ
もーみもみ
も～みもみ
もーみもみ
で、滑らかになったらグラノーラなどをひと混ぜして、フリーザーに入れて…
もみぃ～
あら
すいませ～んおねがいします～
はーい
ぞろぞろ
あとは2～3時間凍らせたらOKで～す
それではまた次回～
モミィの シニアのための お料理教室
ササッ
サッ

●もみもみバナナとうふアイス

●材料（2〜3人分）

バナナ（完熟）……………………1本
豆腐（木綿）………1/3丁（100g）
レモン汁……………………大さじ2
ハチミツ……………………大さじ2
練りゴマ……………………大さじ1
ラム酒………………………少々
グラノーラ……………………適量
（またはレーズンやナッツなど適量）

シリアル入りなので蒸し暑い夏の朝食にも!!

グラノーラは数種類のナッツやドライフルーツが入ったシリアル
練りゴマは白ゴマペーストやピーナッツバターでもOKです

作り方

①豆腐を厚手のキッチンペーパーにくるみ、軽く絞って水気を切る。

②ジッパー付きのポリ袋にグラノーラ以外の材料を全部入れ、袋の上からよく揉んでつぶす。

③グラノーラを加えザッと混ぜる。

④フリーザーに入れて凍らせてできあがり。

豆腐
バナナは皮に斑点が出てるヤツで
HONEY
なめらかになるまでよ〜くモミモミする
もみ
もみ
グラノーラ
空気を抜いて平らな形にして凍らせるとよい

今回のポイント

●ヘルシーアイス

材料を袋に入れて揉むだけ。砂糖の代わりにハチミツとバナナとドライフルーツから甘みを、生クリームや卵の代わりに豆腐と練りゴマからコクを出しているので、たくさん食べても安心のローカロリー。グラノーラなどのシリアルを入れることで、凍らせっぱなしでもガチガチには固まらないので、食べたい分だけ取り分けがかんたんなのも嬉しい。皮が黒くなったバナナと使いきれない豆腐を見かけたら気軽に作ってみよう！

膳の53
クッキングピープル
使えるカンタン料理コミック
わたしはドラキュラ。500年生きてる
あー暑い… 夏の棺桶は蒸すなあ…
都会の片隅で今日も細々と生きている
むくっ
ドラキュラだけど人の迷惑になるから血をすったりはしない
シャカ シャカ
すっかり牙も小さくなったな
禁血してからもう100年今ではもう吸いたくもなくなった…
バシャ バシャ
…あたまもずいぶん禿げてきたしなあ
血を吸わなくなってから徐々に老化が進んでいるようだ
さて涼みにでもいくか…
昔は大空を舞ったものだが
人目につくといけないから最近は歩くことにしている
健康にもいいし
てく てく
ん
キャー 助けて〜
逃げんなよー
なんだてめえ
ササッ

こんな時も
わたしは…
めんどくせえ
やっちまえ!
ボコ
ボコ
キャー
キャー
相手に怪我をさせちゃいけないからだまって殴られることにしている
うっ
やべぇ!
パトカーだ
ピーポー
ピーポー
逃げろ!
おじさん大丈夫ですか?!
ええ
すみませんわたしのために…
おお…
…かぐわしい乙女の血の香り…
………
大丈夫ですよ
すっく
ホントに?
昔なら迷わず…
ありがとうございました
でも、今はもう…
真っ赤なトマトでも買って帰るかな
ふぅ…

●冷製フレッシュトマトソース

●材料（2人分）

トマト（完熟）	2、3個
タマネギ	1/4個
ニンニク	ひとかけ
オリーブ油	大さじ2
ラー油	少々
ポン酢醤油	大さじ1
塩・コショー	少々
青ジソ（またはバジル）	4枚

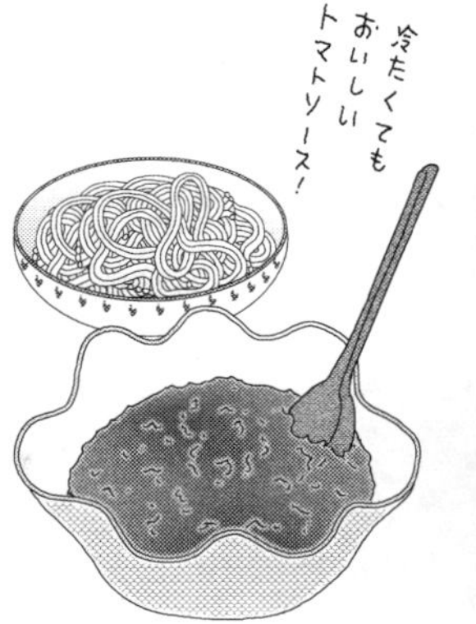
冷たくてもおいしいトマトソース!

ポン酢醤油とラー油が隠し味
和風ものにも使えます

作り方

①トマトは小さく切る。タマネギ、ニンニク、青ジソはみじん切りにする。

②深めの器にタマネギ、ニンニク、オリーブ油を入れて混ぜ、電子レンジで5分加熱。

③トマトを加えて混ぜ、もう5～10分加熱。

④青ジソとポン酢醤油を加えて、味をみながら塩、コショー、ラー油も加え冷めたら冷蔵庫で保存。

ラップはしない
タマネギが透き通ればOK!!
時間はトマトの状態によって変わる
適度に水分が飛べばOK!
トマトの皮が丸まっているので気になる時はお箸でつまんで取り出しとこう!!

冷んやりそのまま!

●トマトそうめん
めんつゆを少し足して、そうめんにかける。ゴマ、海苔、納豆などをトッピングしても!

●冷製トマトスパゲティ
オリーブ油を少し足し冷やしたスパゲティにかける。ツナをトッピングしても!

加熱調理にも使える!

●イタリアンスパ
炒めた魚介類や鶏肉になじませ、ゆでたてのスパゲティにかける。

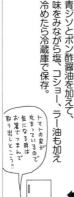

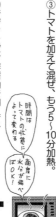

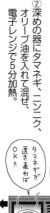

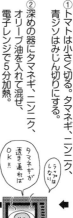

今回のポイント

●完熟トマト

その赤色に含まれるリコピンという色素は強力な抗酸化作用があり生活習慣病の予防に、その爽やかな酸味は消化を助け疲労回復に効果的。ビタミンC、脂肪代謝を促すビタミンB6、高血圧予防に有効なカリウムなどの栄養素に加え、旨み成分のグルタミン酸もたっぷり含むスーパー野菜、それが完熟トマトである。これらのありがたい成分は種と種の周りのゼリー部分に多く含まれるので、そこを捨てないようにしよう。

人生いろいろ
あるけれど

僕らは今日もごはんを作る。

著　者
たけだみりこ

漫画家。代表作は1985年より『フロム・エー』に連載され一斉を風靡した『セイシュンの食卓』。バブル全盛期に背を向けたそのチープさが多くの若者の心をつかみ、"一人暮らしのバイブル"と熱狂的に支持された。主な著書は『クッキングカンタンタン』『オトナになったセイシュンの食卓』（以上　永岡書店）『キッチンの穴』（技術評論社）などがある。

本書は、『クッキングピープル』（2010年8月／小社刊）に加筆、修正の上、文庫化したものです。

クッキングピープル ちび

2017年3月19日　初版第1刷発行

著　者…………たけだみりこ
発行者…………岩野裕一
発行所…………株式会社実業之日本社
　　　　　〒153-0044　東京都目黒区大橋1-5-1 クロスエアタワー 8F
　　　　　【編集部】TEL.03-6809-0452
　　　　　【販売部】TEL.03-6809-0495
　　　　　実業之日本社のホームページ　http://www.j-n.co.jp/
印刷所…………大日本印刷株式会社
製本所…………大日本印刷株式会社
©Miriko Takeda 2017 Printed in Japan
ISBN978-4-408-45684-3（第一趣味）

本書の一部あるいは全部を無断で複写・複製（コピー、スキャン、デジタル化等）・転載することは、法律で定められた場合を除き、禁じられています。
また、購入者以外の第三者による本書のいかなる電子複製も一切認められておりません。
落丁・乱丁（ページ順序の間違いや抜け落ち）の場合は、ご面倒でも購入された書店名を明記して、小社販売部あてにお送りください。
送料小社負担でお取り替えいたします。
ただし、古書店等で購入したものについてはお取り替えできません。
定価はカバーに表示してあります。
小社のプライバシー・ポリシー（個人情報の取り扱い）は上記ホームページをご覧ください。